L'ultimo lupo

Premio Andersen
Baia delle Favole 1993
alla miglior collana
di narrativa per ragazzi

Mino Milani

Premio Il Battello a Vapore 1993

L'ultimo lupo

Illustrazioni di

Carmen Lucini

PIEMME

Junior

Questa opera ha vinto il *I Premio Il Battello a Vapore di narrativa per ragazzi, Città di Verbania 1993*, assegnato dalla seguente giuria: Prof. Giorgio Cusatelli, Dott. Roberto Denti, Dott. Nicola Bardola, Dott. Walter Fochesato e Dott. José María Calvín. Il premio ha carattere annuale ed ha una dotazione di L. 25 milioni. Per ulteriori informazioni rivolgersi alla Segreteria del Premio: Comune di Verbania (0323/401510) o Edizioni Piemme (0142/3361).

Collana diretta da José María Calvín

I Edizione 1993

15033 Casale Monferrato (AL) - Via del Carmine, 5
Tel. 0142/3361 - Telefax 0142/74223

Parte Prima

Il vecchio

1

NESSUNO. Se in un paese abita un solo uomo, si dice che non v'abita nessuno, no? Quello, poi, non era nemmeno un paese, era una frazione: una ventina di case aggrappate alla montagna, strette attorno a una piccola chiesa. Il paese vero e proprio, quello con il bar, la posta, la parrocchiale, il negozio e il sindaco, era a sette chilometri, a valle. Ma anche in questo, ormai, non ci abitava quasi più nessuno.

La frazione si chiamava Fonterossa. Era bello, vent'anni prima, vedere la gente per le piccole strade, le case dalle finestre aperte, e i ragazzi che giocavano al calcio nel campetto dietro la chiesa. Quasi da non credere che tutto fosse successo in vent'anni; ma aveva sentito dire che l'intera zona sarebbe stata abbandonata, e molta gente giovane se ne era andata anche dal paese, tanto che se continuava così, aveva detto il sindaco, si sarebbe dovuto chiudere la scuola.

Strade piene d'erba, ormai, a Fonterossa. Erba alta davanti alla chiesa, e ci aveva trovato due porcospini, l'altro giorno, che se ne stavano tranquilli a prendere il sole sui gradini, e che nemmeno s'erano mossi quando gli era passato vicino; solo l'anno prima, Giuseppe li avrebbe presi a bastonate, spellati e messi in pentola. Ma Giuseppe se ne era andato e anche Carlino, il ferroviere in pensione, e sua moglie Lucia: – Che cosa ci fai, qui? Perché non vieni anche tu in città, da tuo nipote? – gli avevano detto. Non era stato neanche a rispondere. Non aveva nessuna paura a restare a Fonterossa da solo. Ci era nato. Perché andarsene?

Mario Calvi. Ma lui diceva sempre Calvi Mario. Ottantaquattro anni, tredici passati sotto le armi (*caporale Calvi Mario agli ordini!*) e tutti gli altri alla frazione, e nei boschi che la circondavano da ogni lato, che erano di proprietà del conte Arnaboldi, di cui Mario era dipendente, in qualità di guardaboschi. Il conte veniva abbastanza spesso a Fonterossa, e vedendolo, così mingherlino e malvestito, nessuno avrebbe detto che fosse un conte. Gli piaceva andarsene con Mario per la montagna, e a volte erano capaci di star via due o tre giorni: dicevano di andare a caccia, ma sparavano sì e no quattro fucilate, ed era già tanto quando tornavano con una lepre o un coniglio selvatico. In realtà, andavano su e giù per valloni e balze, scendevano in forre piene d'ombra e d'umidità, salivano per dirupi scoscesi, indugiavano lungo torrentelli d'acqua gelida e trasparente, dormivano sotto grandi faggi secolari, solo per il gusto di stare nel bosco, e di scoprirne le bellezze. Al ritorno, erano pieni di fango e di felicità. A vederli, con quegli occhi luminosi, a sentirli parlare del bosco e della selvaggina, la gente non lo diceva, ma pensava che fossero un po' tocchi qui, nella testa.

Arrivato quasi a cent'anni, il conte era morto. Quando aveva appreso la notizia, Mario aveva avuto una gran voglia di piangere; se ne era andato nei boschi, allora, per non farsi vedere, ed era stato là fino al tramonto. Tornato alla frazione, era andato a bussare alla porta di Giuseppe, non aveva avuto risposta, aveva bussato ancora e s'era aperta allora la finestra della casa di fronte: – Andato via – aveva detto Carlino, l'ex ferroviere – mi ha detto di salutarti. È andato in città dai figli.

– Hai sentito che è morto anche il signor conte?
– Già, e sai una cosa? Tra un po' andiamo in città anche noi, io e Lucia, dico.

I boschi erano passati in eredità ai nipoti del conte. Un tempo il bosco era ricchezza, ci si cavava legna, funghi, frutta, carbonella: oggi era solo una seccatura e tasse in più; così gli eredi avevano ceduto tutto al Comune, che aveva accettato malvolentieri. Mario s'era trovato senza lavoro. Era andato a parlare con il sindaco, allora, ma questo gli aveva detto: – Eh no, Mario, mi spiace, ma non posso passarti una paga. Il Comune non ha la borsa degli Arnaboldi, e del resto, guarda, una volta i guardaboschi ci volevano, adesso sono inutili. Chi vuoi che ci vada, nei boschi? Qualche cacciatore, qualche turista, magari qualche bracconiere. Non abbiamo soldi da spendere per loro.
– Già – aveva mormorato Mario. Il sindaco gli aveva dato una pacca sulla spalla: – E poi tu sei in pensione, adesso. Devi riposarti, Mario.
– Già.
– È tuo diritto, lo sai, vero?
– Già.
Il sindaco s'era alzato: – Ecco. Ho parlato con tuo nipote Giovanni, gran brava persona. È da tanto che non lo vedi, eh?
– Eh, sì. Sarà un anno.
Con un sorriso di indulgenza il sindaco

aveva detto: – Eh, saranno tre, Mario. Tre anni che non vedi tuo nipote. Ma lui non s'è dimenticato di te. Ti chiama il suo zio Mario. Ti vuol bene, si preoccupa della tua salute. Mi ha chiesto due o tre volte: come sta lo zio Mario?

Il vecchio aveva sentito come un campanello d'allarme trillargli in testa; cauto aveva domandato: – E lei, signor sindaco, che cosa ha risposto? Che sto benone, vero?

Un sospiro. Il sindaco gli era andato davanti, gli aveva messo le mani sulle spalle e aveva mormorato: – Gli ho detto la verità. Che stai bene, ma che hai ottantaquattro anni. Ci siamo trovati d'accordo. Non puoi più stare a Fonterossa, Mario.

– Cosa? Come sarebbe, che non posso più stare a Fonterossa?

– Sarebbe che restando là, sei una preoccupazione per tutti. Per tuo nipote, prima di tutto, e poi guarda, anche per il Comune. Soldi, non ne abbiamo quasi più. Quest'anno, a riparare la strada per Fonterossa abbiamo speso tre milioni. Sono lussi, e non parliamo delle spese per la luce elettrica o per l'acquedotto. Mario – e il sindaco aveva parlato severo – devi andartene.

– Andarmene?

– Sì.

– E dove?

– Ah, ecco – il sindaco era tornato alla scrivania, aveva preso una busta, ne aveva tratto un foglio: – Ecco qui. Casa Serena.

Un bel posto. A Vallunga, sai dov'è? Un bel paesone in collina. Sempre sole. Una bella casa per anziani, televisione, gioco delle bocce... to' – e aveva dato il foglio a Mario – c'è tutto scritto, qui. Hai un gran bravo nipote. Lui pagherà due terzi della retta, il resto ce lo mettiamo noi del Comune e tu, Mario, con un po' della tua pensione.

– Ma io non voglio andare a Vallunga! Io sto dove sono! La strada? Che bisogno c'è di ripararla?

Mario era impallidito e le parole gli si accavallavano sulle labbra: – Che bisogno c'è di spendere soldi per la luce e l'acqua? Ho le candele, la lampada all'acetilene, ci sono le fontane...

– Mario...

– ...che fastidio do, al Comune? Che fastidio do, a mio nipote? Io...

Il sindaco aveva battuto la mano sulla scrivania: – Mario! Non piantare grane, non far storie! È un momento che viene per tutti. Poche chiacchiere. Meglio che ti prepari, dopodomani tuo nipote ti viene a prendere.

Sì, era così, quel momento veniva per tutti o, se non per tutti, per molti. Per lui comunque era venuto. Mario aveva capito che lottare sarebbe stato inutile. Aveva risposto con un filo di voce: – Va bene.

– E ringrazia Iddio che hai il nipote che hai!

– Va bene.

2

QUANDO scendeva la sera, a Casa Serena, quando le inservienti toglievano i piatti dalle tavole, e cominciavano a tirar gli spazzoloni sul pavimento, gli ospiti, i vecchi, uomini e donne, andavano tutti nella sala tivù, prendevano posto nelle sedie ben allineate, e con le mani sul grembo stavano là a fissare lo schermo. Ogni tanto qualcuno rideva. Molti non capivano. Qualcuno sonnecchiava. Qualcun altro s'addormentava e dovevano svegliarlo, perché non cadesse dalla sedia...

...Mario pensava alla sua casa di Fonterossa. L'aveva lasciata com'era, con ancora i piatti e le scodelle sul tavolo della cucina. Aveva avuto appena il tempo di far la valigia. Giovanni, suo nipote, il figlio di suo fratello, era venuto a prenderlo puntualmente, fermando il fuoristrada davanti alla casa. Era entrato dicendo ad alta voce: – Permesso? Zio, è permesso? – e non appena visto Mario, l'aveva abbracciato stretto, dicendo: – Da quanto tempo non ti vedo, zio!

– Son tre anni, eh? – aveva mormorato Mario.

– Tre anni! Troppi, troppi! Ma che cosa vuoi, zio, il lavoro è il lavoro e di tempo ce ne è sempre meno. Però adesso che vai a Vallunga, guarda, non passano quindici giorni senza che ti veniamo a trovare... Io, voglio dire, Luisa e Enzo. Tu non li conosci, mia moglie e mio figlio, ma...

– Sì, sì – aveva protestato Mario – guarda, tengo la vostra foto là – e aveva accennato a una fotografia, incorniciata e appesa al muro. Un'occhiata, e Giovanni aveva detto, scuotendo il capo: – Eh, se tu vedessi Enzo adesso! È un giovanotto, non un bambino... Be', zio – aveva chiesto poi – sei pronto?

– Senti, Giovanni...

– Sei pronto? Certe cose, prima si fanno meglio è. Mi spiace. Guarda, capisco quello che senti, zio. Ma è come togliersi un dente: una volta fatto, il male passa. Ti prendo io la valigia. Andiamo.

Non s'era mosso. Giovanni allora gli era andato vicino, gli aveva messo una mano sulla spalla: – Zio – aveva mormorato cercando d'esser dolce – se ti chiedo di venire a stare con noi, è perché ti vogliamo bene. Adesso hai il diritto di riposarti. Alla tua età, ci si deve riposare.

– Se è per questo, riposo fin troppo, non faccio quasi più niente, un po' di lavoro nell'ortaglia...

– Qui non puoi restare, se ti succede qualcosa, se per esempio non ti senti bene, se per disgrazia ti rompi una gamba, che cosa fai? Non c'è neanche il telefono, qui. Che cosa fai?

– E perché non dovrei sentirmi bene? Perché dovrei rompermi una gamba? Non me la sono mai rotta in vita mia, perché...

– Insomma, zio! – e Giovanni aveva alzato la voce – qui, tu non ci stai più, chiaro? Adesso, prendi la tua roba e vieni con me, chiaro?

Mario non aveva avuto più la forza di rispondere. Non aveva voluto piantar grane. Aveva preso la valigia, chiusa a chiave la porta, era andato ad appendere la chiave nel portico, ed era salito sull'automobile del nipote, senza dir nulla e senza guardare né a destra né a sinistra.

Era andata così. E forse, chissà, gli sarebbe piaciuto stare in quel posto, a Vallunga. Perché no?

No. Non gli piaceva. Non aveva chiuso occhio, la prima notte. Nel suo lettuccio (ah, certo, pulito, tutto in ordine, con le lenzuola di bucato, e un bel comodino) era rimasto ad ascoltare i respiri, i colpi di tosse, i lamenti dei tre vecchi che dormivano nella sua stessa stanza. Era dai tempi della guerra che non dormiva con altra gente, e s'era detto: coraggio, Mario, è come a quei tempi...

...Già, ma a quei tempi aveva vent'anni, e dormire nelle camerate non gli dava nessun fastidio. Aveva cercato di cancellare ogni rumore, e di ascoltare la notte... No. Non era come lassù a Fonterossa, non si sentiva il vento nei boschi, il richiamo del gufo, il rumore della pioggia, o quel grande silenzio. Qui c'era soltanto rumore d'autocarri e d'automobili che passavano di continuo. Il mattino seguente era sceso a mangiare nel refettorio, caffelatte e biscotti: buoni, sì. E poi?

Poi, niente. Leggere giornali? Ma lui non ne leggeva. Guardare la televisione? Non capiva quello che dicevano, non gli interessava. Uscire nel giardino, quello sì: ma quando l'aveva percorso dieci volte, che faceva? Un tale, anche più giovane di lui, gli aveva detto: «Tra un po' c'è libera uscita e andiamo in paese, al caffè, a giocare a carte»... Ma lui non era abituato ad andare al caffè, e non gli piaceva giocare a carte. Aveva risposto: «Andate voi, io magari vengo più tardi», e quello gli aveva detto: «Ehi, ma che cosa dici? Non si può uscire da soli, bisogna essere almeno in tre, per andare in paese». Non aveva domandato il perché, l'aveva capito benissimo, era un sistema che s'applicava anche sotto le armi: se si era in tre, uno sorvegliava gli altri. Aveva atteso che suo nipote andasse a trovarlo con la moglie e il figlio, ed era stata un'attesa vana. Sei, sette giorni di attesa, di notti lunghissime, di passi sempre più stanchi nel giardino. Poi aveva deciso e studiato la cosa.

L'aveva studiata bene, in tutti i particolari. Cautamente, durante la colazione, aveva fatto qualche domanda, così, senza dar nell'occhio, come parlando per caso. Qualcuno, gli avevano detto, ci aveva provato, ma non c'era stato niente da fare.

– L'ultimo, è stato uno di Genova, un brav'uomo, grasso da far spavento, e che beveva eh, se beveva! Bene, un giorno era al caffè con i compagni, in libera uscita, e dice: aspettami qui, devo andare al gabinetto, torno subito. Quelli aspettano per un po', non lo vedono tornare, si preoccupano, vanno a bussare alla porta del gabinetto, nessuno risponde. Allora chiamano il padrone. Nel gabinetto non c'era nessuno. Pensano: è tornato all'ospizio, forse non si sentiva bene. Tornano anche loro. Ma il genovese non c'è. E allora cosa fa il direttore? Salta in macchina e va prima alla stazione delle corriere, poi a quella ferroviaria: il genovese era là che aspettava il treno. Così l'hanno riportato qui.

– Ma se voleva andar via...
– Va bene, mica hanno chiamato i carabinieri. Il direttore l'ha convinto. Ne ha convinti già cinque o sei.
Questo avevano detto a Mario. Quanto al genovese, pover'uomo, dopo un mese era morto.
Mario aveva riflettuto a lungo su questa storia. Poi aveva deciso. Sì. Avrebbe cercato di non fare errori: ma, andasse come voleva andare, aveva deciso.

Era stato di lì a undici giorni. Pioveva. Era ancora a letto, e al rumore della pioggia s'era sentito riempire di gioia. Pioggia, un po' di freddo, poca gente in giro, si sta bene a casa, quando piove. Si alzò, passò le solite ore, attese con pazienza la libera uscita, e se ne andò con due compagni al caffè. Giocò per un'ora, o anche due. Continuava a piovere fitto. Disse che andava al banco a comperare un panino. Lo comprò davvero, se lo mise in tasca; prese l'ombrello e uscì. Nessuno badò a lui.
Prese la strada che doveva prendere e se ne andò.
Di lì a un po', i suoi compagni avrebbero chiesto di lui, e ci sarebbe stata la stessa trafila: il direttore, sicuro di convincerlo a restare, sarebbe corso prima alla sta-

zione delle corriere e poi a quella dei treni. Non l'avrebbe trovato.

Non avrebbe mai immaginato che lui se ne era andato a piedi.

Tre giorni, tanto impiegò a tornare. Quella prima sera, quando fu abbastanza lontano da Vallunga, cercò un posto ove dormire e lo trovò, in un casello ferroviario abbandonato. Il mattino dopo prese la prima corriera che incontrò e si fece portare avanti, fino a quando non vide le sue lontane montagne. Riprese a camminare, dormì in un fienile, camminò per quasi tutto il giorno seguente, fermandosi a mangiare qualcosa in una povera trattoria. Era pieno di gioia soffocata dalla paura; ma ad ogni passo la paura se ne andava e la gioia gli dava voglia di ridere e forza per andare avanti. Ottantaquattro anni. Gliel'aveva fatta, a quelli di Casa Serena! Camminando per la strada che saliva verso il paese e la sua valle, sentì le gambe farsi rigide e pesanti; non pioveva più, ma aveva un gran freddo... Dovette cercare di ricordarsi di quando era soldato, per poter continuare: avanti, testa alta, sguardo fiero, un-due, un-due, così si marcia, avanti, cantare! Marciò a testa alta. Non cantò, non ne aveva né voglia né fiato. Si sforzò di non pensare a niente...

...E a un terzo di strada, quando la testa cominciava a pesare e ad abbassarsi e le gambe a cedere, un camioncino gli si accostò: – Ohi, Mario! – gli disse l'autista, un giovanotto del paese – Cosa fai qui? – e senza attendere risposta aveva aperto lo sportello: – Dài, ti do un passaggio, vieni su.

Poco più d'un'ora, ed era stato nel gran silenzio di Fonterossa. Era andato sotto il portico a prendere la chiave, aveva aperto la porta. Quando fu nella sua casa, gli parve d'entrarvi per la prima volta. Tremava di freddo e di fatica, aveva fame, aveva sete; sentiva come una pietra sul cuore e insieme una gran gioia. Balbettò: – Ma cosa fai, Mario, ti metterai mica a piangere, adesso?

Ottantaquattro anni. Ma aveva pianto come un bambino.

I due giorni seguenti, erano stati i più brutti della sua vita. Per prima cosa, perché non riusciva più a ritrovarsi nella casa: poi, perché aveva paura che arrivassero i carabinieri. Chiuse la porta a chiave e tirò il catenaccio, cosa che non faceva mai. Chiuse anche le finestre. Passò quei due giorni in ansia, senza far nulla, spiando dalle fessure, senza nemmeno preoccuparsi di mangiare. Continuava a piovere, e lui aveva indosso lo stesso vestito bagnato col quale erano andato all'ospizio e ne era fuggito.

Al terzo giorno, un rumore d'automobile. Mario aveva sentito il cuore balzargli nel petto: era il sindaco, era Giovanni, erano i carabinieri, erano quelli di Casa Serena che venivano a prenderlo: doveva scappare, nascondersi nel bosco, scomparire...

– Mario! Calvi Mario, un accidente! Sono io! Lo so che sei lì, apri 'sta porta! Sono io, il sindaco! E apri, ti dico, testadura!

Per tre volte il sindaco aveva detto più o meno queste parole; infine Mario s'era affacciato alla finestra: – ...Io a Vallunga – aveva balbettato – non ci torno più...

Il sindaco aveva allargato le braccia: – No, sta' tranquillo, non ci torni più. È venuto tuo nipote, dice che è d'accordo. Non è venuto qui, perché, sai, se l'è presa a male, e ha fatto benissimo. Dice che uno scherzo così non glielo dovevi fare e che verrà un'altra volta.

Mario gemette e non parlò. Riprese il sindaco: – Io invece sono venuto a dirti che da stasera qui si tolgono la luce e l'acqua. Hai voluto fare di testa tua, e adesso t'arrangi, caro mio. Il Comune non ha la borsa d'Arnaboldi. Ti saluto!

Parte Seconda

Il ragazzo

1

LORENZO Matteo Luca, questi erano i suoi nomi di battesimo. Ma lo chiamavano tutti Enzo, naturalmente. Dodici anni, capelli neri, gran ciuffo che non voleva saperne di stare a posto, occhi verdi e profondi. Era abbastanza forte, ma non lo si sarebbe detto, a vederlo, minuto e sottile com'era. A scuola, andava come gli altri, né bene né male, non gli piaceva la matematica. Giocava al calcio, ma non aveva la stoffa del campione. Teneva per la Juventus. Niente di speciale, insomma, un ragazzo come gli altri. Era innamorato d'una ragazza che si chiamava Melania, ma lei non lo sapeva, lo sospettava soltanto.

A parte la Juventus e Melania, non c'erano cose che lo interessassero veramente; e nemmeno cose che veramente desiderasse. I suoi genitori stravedevano, per lui, quindi erano pronti a soddisfarlo per tutto quanto voleva. Erano ricchi, non quanto avrebbero voluto, ma insomma lo erano, e facevano di tutto per sembrarlo. Il padre di Enzo era commerciante, e la madre lo aiutava in negozio. Era gente brava, ma un po' troppo preoccupata dei quattrini e ansiosa di guadagnare sempre di più, come tutti del resto. Abitavano in un bell'appartamento, pieno di trofei di caccia: galli cedroni, teschi e corna di cervi, la pelle di un leone nel salotto, due candide zanne d'elefante e la testa impagliata d'uno zebù. Giovanni, il padre di Enzo, era un cacciatore appassionato, aveva partecipato a cinque o sei safari in Africa e con gli amici andava due o tre volte l'anno a cacciar cervi in Austria. Era impaziente d'insegnare la caccia al figlio: ma sua moglie non ne voleva sapere: – Succedono troppe disgrazie, e poi Lorenzo è troppo giovane, per maneggiare fucili – diceva. La mamma si seccava un po', che suo figlio lo chiamassero Enzo.

A lui, la caccia interessava sì e no. Un po' più del tennis, ma meno dell'inglese: la mamma voleva che imparasse tutti e due, e lo mandava a lezione dell'uno e dell'altro; non si ricordava più da chi l'avesse sentito, ma ripeteva convinta: – L'inglese e il tennis aprono le porte che contano.

Dopo queste cose venivano, quasi alla pari, gli amici, la tivù e i videogames con il personal computer che il babbo gli aveva regalato a Natale. Davanti a questi due piccoli schermi, Enzo passava tre o forse quattro buone ore della sua giornata. Gli andava bene così, lo trovava un bel modo per impiegare il tempo, e del resto così facevano i suoi amici. Facendo tutti la stessa cosa, avevano un argomento comune di cui parlare. Non era mica poco.

Era anzi divertente. Serviva a capire le cose. L'unico argomento per il quale si poteva litigare era lo sport, perché uno juventino non sarebbe mai andato d'accordo con un interista, si sa. Per il resto, trovava giusto sentirsi esattamente come gli altri; gli piaceva la vita che faceva, o meglio non s'era mai domandato se gli piacesse o no, se la volesse in qualche modo diversa: – Avrai tempo di pensare a certe cose, non c'è bisogno di correre, sei un ragazzo, tempo ne hai quanto vuoi, alla tua età, la vita deve essere semplice – gli dicevano i suoi genitori; e le stesse cose si sentivano dire tutti i suoi compagni. Erano tutti d'accordo.

A essere un po' meno d'accordo, era Melania: questo non stupiva nessuno, perché si trattava d'una ragazza un po' strana, riservata; sorrideva, sì, ma nessuno ricordava d'averla mai vista o sentita ridere, per cui qualcuno la chiamava, naturalmente, Melancònia. Era una ragazza bionda, dal viso piccolo e bianco, dai grandi occhi grigi. Era nata all'estero, e la sua famiglia era venuta ad abitare in città quattro anni prima. Suo padre e sua madre lavoravano al CEXE, quel gran laboratorio internazionale, a una ventina di chilometri dal centro. Non li si vedeva quasi mai; dovevano essere mezzo italiani e mezzo tedeschi o polacchi o austriaci, una cosa del genere, insomma. Melania parlava un italiano perfetto, e a scuola andava molto bene. Non legava troppo con i compagni, forse perché non rideva mai, o forse perché faceva strane domande, come, per esempio: «Ma non vi annoiate, a far tutti la stessa cosa?». Certe sue compagne dicevano che si dava delle arie.

Però, se non sempre, spesso in piazza ci veniva anche lei, la sera, quando più o meno tutti, ragazze e ragazzi, sistemati motorini, biciclette, motociclette, sedevano a parlare e a scherzare sul lungo gradino del museo civico. Una sera, Melania chiese improvvisamente: – E quel tuo zio?

– Che zio? – rimandò Enzo preso alla sprovvista.

– Ma sì, non avevi uno zio che abitava da solo in un paese...

– Ah già – fece lui. Gli seccava un po' quell'argomento di cui sapeva poco o nulla; in classe ne aveva imprudentemente parlato e qualcuno l'aveva chiamato: il nipote del solitario.

– Ah, già, sì, mio zio.

– E allora? – insistette la ragazza.

– Allora cosa?

– Mi hai detto che dovevate metterlo in un ospedale, non so, in un ospizio.

– Sì, papà ce lo ha portato – rispose Enzo; e a tagliar corto aggiunse: – È scappato.

Come un lampo, negli occhi di Melania, che chiese: – Scappato?

– Scappato per dire, non era mica in prigione. Se ne è andato, insomma. A piedi.

– A piedi? – domandò stupefatta Melania. Enzo seguitò: – ...sì, e pioveva, ti dico. Sono andati a cercarlo alla stazione; chi poteva pensare che se ne fosse andato a piedi? Secondo me – si puntò l'indice alla tempia – ha qualcosa qui, che non va.

Dopo un po' di silenzio Melania chiese: – Ed è arrivato?

– Be' ...sì. Papà ha parlato al sindaco di lassù. Certo che è arrivato.

– E ora, avete l'intenzione – Melania esitò, aggiunse piano: – di riprenderlo?

– Riprenderlo? Nemmeno per idea. Se non vuol stare con gli altri, stia da solo, no?

La ragazza fece segno di sì, fissando Enzo così intensamente che lui, stringendosi nelle spalle: – Be', in questo, mio padre e il sindaco si sono trovati d'accordo. Stia dove vuole, basta che non rompa le scatole agli altri. Senti, Melania, per quell'ora di tennis di domani...

– È scappato di notte ed è arrivato a casa – disse lei a se stessa e senza nemmeno aver udito quanto le aveva detto Enzo; lo guardò con un vago sorriso: – Ma non abita sulle montagne?

– Sì – fece lui di malavoglia.

– E quanti anni ha?

– E che ne so, dài! Ne avrà ottanta, novanta, non lo so!

– Non l'hai mai visto?

– Io? Nemmeno per idea. Perché avrei dovuto vederlo?

– Non eri andato a trovarlo in ospizio?

– Senti, Melania, è una faccenda di mio padre, quella. Piuttosto...

Chiese Melania: – Come si chiama?

– Chi?

– Tuo zio.

Enzo fece una smorfia e si strinse nelle spalle: – Non lo so. Come faccio a saperlo? Te l'ho detto, non l'ho mai visto. Senti, non complichiamo le cose, piantiamola con lo zio, tanto è tornato a casa sua, e... Dove vai? Melania, aspetta... – Enzo disse quest'ultima frase balzando in piedi e tendendo la mano, come a fermare Melania; ma lei s'era alzata e se ne andò senza voltarsi.

Tornò a casa. Era abbastanza seccato. Ma a fargli tornare il buonumore pensarono un bel programma televisivo, e le allegre telefonate di un paio di compagni di classe. Però a cena, quasi per caso, domandò: – Ah papà... come si chiama, lo zio? ...Sì, quello che è scappato dall'ospizio?...

– Non era un ospizio – precisò subito la mamma – era una casa di riposo. Bellissima, anche. E molto cara.

– Be', Mario. Mario Calvi – rispondeva intanto il babbo.

– E... quanti anni ha?

– Ottantaquattro, ottantacinque. Perché?

Enzo si strinse nelle spalle: – Così.

Era più bella del solito, Melania, con i capelli avvolti in un'unica treccia, e quella tuta colorata. Enzo le andò incontro, tra gli studenti che attendevano d'entrare nella scuola e sorridendo le disse: – Mario Calvi, ottantaquattro o ottantacinque anni.

Lei lo guardò stupefatta e domandò: – Cosa?

– Ma sì. Ieri mi hai lasciato là in piazza come uno scemo perché non sapevo niente di quel mio zio. Né nome né età. Ecco. Mario Calvi, ottantaquattro o ottantacinque anni. Sei contenta?

Un sorriso: – Adesso sì, sono contenta.

– E perché sei contenta, si può sapere?

Suonò il campanello, i cancelli vennero

aperti, i giovani cominciarono ad entrare, ognuno andando verso la sua classe; Enzo s'era preso una piccola rivincita. Ma non gli bastava.

Cercò quindi d'averla più completa nell'intervallo. A Melania disse: – Ah, sai, non era in ospizio, era in una casa di riposo.

– Senti, Enzo...

– ... ed è scappato – seguitò lui senza lasciarsi interrompere – senza dire né due né tre, e mettendo tutti in allarme. Il direttore aveva pensato a una disgrazia. Adesso tu, che lo difendi tanto, dimmi se uno deve scappare in quel modo. Non era carcerato, e se non gli piaceva stare là, poteva dirlo, no? Non credi?

Melania smise di sorridere, nella giovane fronte liscia si scavò una piccola ruga: – Non hai pensato, Enzo – disse lentamente – che se l'avesse detto, tutti quanti gli avrebbero risposto di no? Tutti gli avrebbero detto che, se andava via, compiva un atto gravissimo, si prendeva una grande responsabilità eccetera eccetera... E se un uomo è costretto ad andarsene a piedi, vuol dire che in altro modo glielo avrebbero impedito... Non ci hai pensato? – ripeté in un vago tono di sfida. Lui tacque. No. Non ci aveva pensato. Cercò di dire qualcosa, ma Melania domandò ancora: – E non credi che se uno scappa...

S'interruppe improvvisamente, e a Enzo parve che una nube le avesse oscurato la fronte. Poiché ella non riprendeva a parlare, le domandò:

– Cosa c'è, Melania?

Lei scosse adagio la testa e, come perduta dietro un pensiero, mormorò: – Se uno scappa in quel modo... o in qualsiasi modo, qualche ragione ce la deve avere, e anche se sa che... – esitò, come pentita d'aver parlato; concluse in fretta: – Insomma, quando si è deciso, indietro non si torna, ecco.

Enzo provò, chissà perché, un lieve turbamento; non disse nulla; Melania riprese: – Anche io avevo un zio che aveva cercato di scappare, ma... ma...

Aveva parlato abbassando la voce e s'interruppe.

2

UN MESE e mezzo. Sulla faccenda Enzo non era più tornato, e nemmeno Melania vi aveva più accennato. Tutto quindi se ne era andato nel dimenticatoio: ma lo zio Mario tornò di prepotenza a far parlare di sé quella volta, a pranzo, quando il babbo annunciò: – Sabato vado a Fonterossa.

– A Fonterossa? – fu pronta a chiedere la mamma – Non vorrai mica ricominciare con quel vecchio?

Enzo non parlò; il babbo scosse la testa, ebbe uno strano sorriso: – No, state tranquilli, non ricomincio, una volta mi è bastato. No. È una faccenda di caccia. Caccia grossa – aggiunse dopo una pausa – e mi raccomando, acqua in bocca. Devo parlare allo zio di... – uno stringersi le spalle – di una cosa, insomma. Vuoi venire – e il babbo si volse ad Enzo – con me?

– Io? – domandò stupito il ragazzo.

– Sì. Tu non sei mai stato a Fonterossa, è un bel posto, sai?

Enzo si volse alla mamma in cerca d'aiuto, ed ella disse: – Sabato Enzo ha lezione di tennis, lo sai benissimo.

– Eh, sì, papà, ho lezione di tennis...

– Potrai anche rinviarla la lezione, no?

– Ma...

– Giovanni, se la lezione si rimanda, va pagata lo stesso – fece la mamma – e non vedo che gusto ci sia a...

Con moglie e figlio contro, Giovanni si sentì più deciso ad imporre la sua volontà: – Macché pagare e non pagare! – esclamò – La lezione la disdici oggi e quindi non la paghi. Sabato pomeriggio si va a Fonterossa, e basta. Ah – aggiunse, a indorare la pillola – se vuoi, Enzo, puoi far venire quella tua compagna di scuola, quella biondina, come si chiama?

– Far venire Melania con noi?

– Sì. Che ne dici – e il babbo si rivolse alla mamma – Luisa?

La mamma allargò un po' le braccia: – Non so... non ci sarebbe niente di male... Melania, quale Melania?, la figlia di...

– I suoi sono scienziati, mamma – fece Enzo.

– Ah sì. Non è italiana, mi pare. Non so se sarà contenta, in genere, certa gente...

Tagliò corto il babbo: – Insomma, tu prova a chiedere. Se l'idea le piace, se vuol venire, bene: se no...

Quando ricevette l'invito, Melania corrugò la fronte, come se facesse fatica a capire; e poi rimandò: – Venire in gita con voi? Io, con tuo padre e con te?

– Sì. Andiamo a Fonterossa. Sai, è dove abita quel mio zio, quello che è scappato... sì, dalla casa di riposo, ricordi?

– Certo che ricordo. E vorreste portare anche me? Quando?

– Sabato. Sabato pomeriggio.

Un'espressione desolata sul volto di Melania: – Oh! Proprio sabato vengono a trovarci dei nostri parenti, Enzo!

– Ma in mezza giornata si va e si viene...

Lei si mordicchiò il labbro inferiore: – Che peccato! Siete stati così gentili, tuo padre e tu, ma davvero, sabato proprio non posso... Sai, quei nostri parenti vengono dalla Germania, si fermano solo un giorno... – un sospiro: – Mi spiace, Enzo, ma molto, sai, moltissimo!

– Be'... anche a me – disse il ragazzo mortificato.

– Posso sperare che.. che sarà per un'altra volta?

— Certo! — rispose lui, pensando però di dire una bugia.

Il pranzo. Quando la mamma portò le cotolette con l'insalata, Enzo disse, un po' imbarazzato: — Ah, sai, papà, Melania sabato non può venire con noi. Le dispiace moltissimo.

— Guarda, meglio. Così le cose sono più semplici.

Enzo guardò senza capire, e il babbo disse servendosi: — Vedi, c'è stato un cambiamento di programma. Si parte di mattino presto, e io poi non torno a casa. Devo andare a Cremona, per lavoro. Torno su a Fonterossa domenica con i miei amici.

— Secondo me, Giovanni — intervenne la mamma — state facendo una cosa un po' matta... e pericolosa, anche.

— Ma no! È un'avventura, invece. Allora, dicevo, Enzo...

— Ma papà, se poi vai a Cremona, io...

— Tu ti fermi a Fonterossa. Si torna insieme lunedì mattina.

— E la scuola? — intervenne la mamma.

— La scuola! Mandiamo un certificato medico e siamo a posto. Non è un problema, la scuola.

— E io dovrei stare a Fonterossa... da solo? — chiese preoccupato Enzo.

— Sì. Sabato e la notte. Domenica mattina, prestissimo, siamo tutti lassù. Mi passi l'insalata, Luisa?

– Senti, papà, ma io... ma io non ho voglia di stare a Fonterossa da solo... Guarda, se poi tu devi andare a Cremona, guarda... forse è meglio che io non ci venga. Sì – ripeté Enzo – è meglio. No, mamma? – e rivolse alla mamma uno sguardo implorante. La mamma fece segno di sì: – Certo che è meglio. Non perdi due giorni di scuola...

– Be'...

– ...e non vai a metterti nei pericoli. Giovanni, una caccia a bestie come quella non è una cosa per ragazzi, lo sai.

A bocca piena il babbo rispose: – Non è per ragazzi, d'accordo. Però, mi piacerebbe che mio figlio partecipasse. Siamo una famiglia di cacciatori, capisco che adesso per noi tiri una brutta aria, ma... È tutto qui – concluse – sta' tranquilla, non gli do il fucile.

– Pericoloso lo stesso – disse severa la mamma.

– Va bene, come volete. Andrò da solo.

Scampato pericolo, pensò Enzo; e seguitò a mangiare in silenzio, attento a non tornare sull'argomento, per timore che il babbo tornasse alla carica con quella sua idea. Invece, no; il babbo parlò di tutt'altro, di affari e di lavoro. Però alla fine del pranzo disse: – Va bene, sarà per un'altra volta. Diglielo a quella ragazza, eh? Se era dispiaciuta di non venire, sarà contenta che non ci vieni nemmeno tu. Melania, si chiama? Che razza di nome.

– È un nome bellissimo, invece – osservò la mamma – non come i soliti.

– E di cognome, come fa?

– Segre – rispose Enzo – Melania Segre.

– E i suoi genitori lavorano in quel posto, come si chiama? Ah, sì, CEXE... Insomma, sono scienziati, eh?

– Sì, scienziati.

– Quanto si guadagna – chiese la mamma – a far lo scienziato?

– E chi lo sa – rispose il babbo. Riprese la mamma: – Ma che cosa ci fanno, precisamente, in quel laboratorio?

Enzo fece una smorfia: – Boh. Melania ha detto che... sì, che studiano le particelle.

La mamma guardò il babbo, che fece: – Ah.

Quando il babbo fu uscito, Enzo disse: – Meno male che non mi porta in quel posto, mamma.

– Meno male davvero.

– Te lo immagini, stare là un giorno e una notte con un uomo di ottantacinque anni?

– Figurati! E poi, la scuola. E poi, il pericolo.

– Ma io sono già andato a caccia col papà – disse Enzo – e non mi è sembrato che ci fosse del pericolo.

Disse la mamma: – Già, ma stavolta non è la solita caccia. Quei matti si sono messi in mente di andare a caccia del lupo.

Enzo stava per premere il telecomando, e restò lì, stupefatto e immobile. Chiese sommessamente: – ...il lupo?

Il mattino dopo, durante l'intervallo, cercò Melania, ma non la trovò. Ci rimase male. Avrebbe voluto dirle che la gita a Fonterossa sarebbe stata una faticaccia, e che avrebbe portato via due giorni di scuola. Era sicuro che le sarebbe dispiaciuto meno, così.

«...Già» pensò «però oggi è assente. Va bene, glielo dirò domani...» e anche un'altra cosa le avrebbe detto domani, ma sotto il giuramento del silenzio: e cioè che sabato e domenica, con il babbo e tre suoi amici, lui sarebbe andato a cacciare il lupo. Cacciare il lupo. S'immaginava la faccia che avrebbe fatto Melania. Sarebbe rimasta là a bocca aperta e a occhi spalancati.

Quando aveva saputo dalla mamma di che cosa si trattava, Enzo aveva deciso di andare col babbo a Fonterossa: d'accordo, sarebbe stata una pizza spaventosa stare un giorno e una notte con lo zio Mario; ma la caccia al lupo l'avrebbe compensato. Eh, sì, il babbo aveva detto giusto, non era una cosa come le altre; a pensarci bene, non era nemmeno come un safari in Africa, perché in Africa, di gazzelle o di bufali o di quella selvaggina, ce n'era in quantità, mentre in Italia, di lupi...eh!, non ce n'erano. O ce n'erano pochissimi. Da contarli sulle dita delle mani.

Il babbo l'aveva impegnato al silenzio, naturalmente; ed Enzo non parlò con nessuno del lupo; incapace di tenere per sé l'emozione, tuttavia, disse a qualche compagno che, la domenica, sarebbe andato in un paese fantasma...

– Vale a dire?

– Be', paesi disabitati. Dove non c'è nessuno, o quasi.

– E tu andresti in un posto disabitato? Ma sei scemo? E che ci fai, là?

Enzo non s'era aspettato parole come quelle; imbarazzato rispose: – Ma è solo per un giorno e una notte...

– Io non ci starei neanche per un'ora. Neanche in fotografia ci starei, guarda, in un posto simile.

Fu tentato di dire al compagno di che cosa si trattava: se avesse saputo che c'era di mezzo un lupo, non avrebbe parlato in quel modo. Fece, sempre più a disagio: – Be', sarà una avventura...

– Figurati! Un'avventura in un posto disabitato! E come si chiama, il posto?

– Fonterossa – mormorò Enzo abbassando la testa. Il compagno scoppiò a ridere: – Un'avventura in un posto che si chiama Fonterossa! Ma dài!

3

GIORNO di vento, di gran sole e di cielo azzurro. Era presto di mattino, ma era sabato, quindi sull'autostrada che portava al mare già sfrecciavano rombando le automobili, via una dopo l'altra, l'una impaziente di lasciare indietro le altre per arrivare prima. Lungo la strada s'alzavano grandi capannoni, lunghissimi muri, edifici di cristallo o che sembravano specchi; e poi recinti pieni di roulottes, altri capannoni sui quali sventolavano strane bandiere, magazzini, ristoranti e grandi negozi. Dopo una dozzina di chilometri la campagna riapparve, con i suoi campi ben coltivati, i filari d'alberi, le sue case dal tetto rosso. Le montagne cominciarono ad intravvedersi lontane nella lieve bruma. Chiese il babbo, dopo aver sorpassato alcune automobili: – Cosa ne dici? Ti sembra una macchina che ha già fatto centomila chilometri, questa?

– Li lasci indietro tutti, papà! Ma gli hai fatto rifare il motore, no?
– Qualcosina appena. Tra un paio d'anni, però, la cambiamo. Ne prendiamo una giapponese.

Il fuoristrada stracarico: era toccato al babbo portare armi, provviste ed equipaggiamento. Oltre ai fucili, c'erano i sacchi a pelo, le coperte, il frigo portatile, le cassette di bottiglie e di acqua minerale, e due cesti pieni di roba da mangiare.
– Papà... e che tipo è, lo zio Mario?
– Che cosa vuoi? È nato e cresciuto nei boschi. È un pecoraio. Un brav'uomo, ma un pecoraio.
– Lui – chiese ancora Enzo – portava le pecore al pascolo?
Il babbo rise: – No, no. Si dice pecoraio per dire uomo un po' selvatico. Era guardaboschi. Cacciatore. Non forte come me – aggiunse – ma insomma, cacciatore. Lavorava per il conte Arnaboldi, il vecchio. Eh, quello di grana ne aveva quanta ne voleva, beato lui!
– E poi?
– Poi che cosa? Quando il conte è morto, gli eredi hanno ceduto i boschi al Comune, e quindi lo zio Mario è rimasto senza lavoro. Il sindaco mi ha detto che non poteva tenerlo come guardaboschi. Naturale. Che se ne fa, un Comune, di un guardabo-

schi? E poi, lo zio Mario ha ottantaquattro anni. Mica si assume un uomo di quell'età.

Dopo un po', Enzo mormorò: – È vero. Ma papà, perché lo zio è scappato da quella casa-albergo? Non stava bene, là?

– Stava benone. Ma il fatto è che, quando si è vecchi, si diventa, come dire, lunatici...

– Quella mia amica, Melania, ha detto che se uno scappa, ha sempre un motivo per scappare.

– Ah sì? E che cosa vuoi che sappia, lei?

Lasciarono l'autostrada dopo una cinquantina di chilometri, uscendo al casello d'un paese ancora coperto d'ombra; il fuoristrada, quattro ruote traenti, passò attraverso stradine deserte, prese per i campi, e poco dopo cominciò a salire verso le montagne, che si profilavano nere di boschi contro il cielo. Più saliva, la strada, e più si faceva stretta, S'incontrarono alcune automobili, poi uno slargo: c'era un ristorante, là, e un bel parcheggio invitante: – Mangerei una pizza – disse Enzo, ma il babbo scosse la testa: – Non perdiamo tempo, siamo ancora lontani.

Chiese il ragazzo dopo un po': – Papà, ma che cosa sarebbe, precisamente, un paese fantasma?

– Be', un posto disabitato. Dove non ci

sta nessuno. Vedi – e il babbo accennò al paesaggio – qui, una volta, tutto intorno, ci abitava un bel po' di gente, contadini, pecorai, gente povera. Poi le cose sono cambiate, hanno aperto le fabbriche eccetera, e la gente è venuta in città. Prima sono venuti via dalle frazioni, poi dai paesi. Giusto, no? Il diritto di fare un po' di grana e di vivere da uomini e non da pecorai ce l'hanno tutti, no?

– Eh sì – rispose Enzo convinto.

– Ecco. Nei paesi, un po' di gente c'è ancora, ma, guarda, dieci o dodici anni e si svuotano anche loro. Ci resterà qualche vecchio, più o meno come lo zio Mario.

– I vecchi...e i lupi?

– Eh no. L'ultimo lupo, se c'è, lo accoppiamo domenica.

Non parlarono quasi più. La strada saliva tra gli alberi, i cui rami formavano una sorta di galleria e nascondevano il cielo; quando gli alberi si diradavano o scomparivano, si vedeva il panorama grandioso della valle sottostante e della grande pianura. Una o due automobili ancora, qualche motocicletta, e non s'incontrò altro. Il fuoristrada procedeva sicuro e veloce. Si vide, sulla destra, un paese metà nel sole e metà nell'ombra; poi i boschi bruscamente s'aprirono, apparve un pianoro vastissimo, verde e pieno di luce. L'asfalto finì,

la strada procedeva sterrata. Chiese Enzo:
– È qui che abita lo zio?

– Eh!, vedrai, vedrai!

– È ancora molto lontano?

– Be', molto no. Quello che abbiamo visto è il paese. Lo zio abita più in sù, in una frazione.

– E quando è scappato, ha fatto tutta questa strada?

– Già. Tutta questa strada a ottantaquattro anni – fece serrando le labbra il babbo; poi, per cambiar discorso riprese:
– Sai, con il fuoristrada nuovo, se avremo voglia, potremo anche andare al Camel Trophy. Dico per dire, si capisce.

– Certo che sarebbe bello!

– A proposito, sai dove lo fanno, quest'anno?

– In Africa.

– Secondo me, dovrebbero farlo qui – disse il babbo, mentre l'automobile sobbalzava sulla strada che, piena di buche, saliva ripida tra fitti boschi. Ad una curva si vide lassù in alto, come aggrappata a un monte, una chiesa col campanile aguzzo. Annunciò il babbo: – Tra un po' ci siamo. Quella è la chiesa di Fonterossa.

Parte Terza

Il bosco

1

IL BOSCO aveva atteso per secoli quel giorno. Un tempo lontano, esso ricopriva non solo le montagne, ma la valle intera, e la grande pianura che scendeva verso il fiume. Era tutto una immensa foresta, v'erano soltanto alberi, prima che gli uomini venissero e con le loro scuri cominciassero ad abbatterli, per ricavare terreno da coltivare e sul quale costruire capanne e recinti. Per ritrovarsi avevano tracciato piste e sentieri nel bosco; con il passare del tempo, a soddisfare il loro crescente bisogno di terreno, lo avevano ricacciato sempre più indietro, sempre più lontano e più in alto, conservandone solo quanto bastava al loro bisogno di legname e di selvaggina. Campi, case e fattorie, dapprima, poi paesi e città e fabbriche avevano preso il posto degli alberi.

Qualcuno avrebbe potuto dire che il bosco e l'uomo erano amici, ma sarebbe stata una bugia. Come l'uomo non aveva pietà degli alberi, che abbatteva quando voleva, così il bosco non aveva pietà per il bambino che, imprudentemente allontanatosi dalla capanna, aveva perduto la strada; e nemmeno dell'uomo che s'era fatto sorprendere dalla nevicata o dal temporale, e che aveva cercato invano rifugio sotto i rami. Non importava: era un dare e un avere. Un tempo, con le sue castagne, il bosco aveva fornito da mangiare: un cibo umile, sì, che però aveva salvato delle vite umane, nei momenti di carestia; da parte sua l'uomo, pur sfruttando il bosco, lo aveva almeno aiutato. Quando un albero cadeva, colpito dal fulmine o sotto il peso della neve o rinsecchito dagli anni, ecco l'uomo farlo a pezzi con le sue scuri, liberando così il terreno e i giovani virgulti schiacciati dal tronco. Quando dopo un temporale la terra franando soffocava la sorgente, l'uomo la ripuliva, la proteggeva con pietre ben disposte, prosciugava lo stagno o la palude che s'erano formati. Se nell'estate assolata il bosco prendeva fuoco, l'uomo accorreva e cercava di domare le fiamme. In autunno, donne e bambini delle frazioni e dei paesi si spargevano nei boschi, a raccogliere i rami secchi caduti per terra, per fornire i camini e le stufe nell'inverno, e in tal modo ripulivano il terreno, che concimato dalle foglie morte avrebbe dato erba e piante nuove.

Così era stato per secoli. Ma ora qualcosa era cambiato. Gli uomini s'erano accorti di non aver più bisogno di terreno, di non aver più bisogno del bosco, e l'avevano gradualmente abbandonato. I sentieri che l'attraversavano non erano stati più percorsi. Nessuno più aveva raccolto i rami caduti a terra dopo una notte di temporale. Nessuno più aveva abbattuto gli alberi morti: e quando essi cadevano, nessuno più s'era preoccupato di farli a pezzi, in modo che restavano dov'erano, a soffocare teneri germogli, a interrompere il corso d'un ruscello. Così qua e là era tornata la palude e la calda aria estiva aveva ripreso a risuonare del ronzio delle zanzare. Anche di legname c'era meno bisogno, perché gli uomini s'erano dati altre materie per i loro lavori. Molti alberi vennero lasciati vivere, ma non per rispetto alla loro bellezza, alla loro età, al servizio che rendevano tenendo l'aria pulita e la terra soffice, ma solo perché non servivano.

Non solo questo. L'uomo aveva abbandonato anche i casolari e i villaggi che s'era costruito nel bosco e a ridosso di esso; andandosene da quei luoghi ove aveva vissuto per secoli, s'era chiesto: «Ma come è possibile vivere qui?».

Ora che l'uomo se n'era andato, il bosco aveva preso la sua attesa rivincita. Aveva, prima di tutto, cancellato piste e sentieri, rinchiudendosi nel suo mistero. Di quelle piccole strade un tempo frequentate da uomini e da asini curvi sotto il carico, erano rimaste soltanto delle incerte tracce, seguite appena dai rari cacciatori e dagli ancor più rari escursionisti. La frana aveva interrato la sorgente, i rovi infestanti avevano avviluppato le giovani piante impedendo loro di crescere. L'erba aveva invaso le strade e seguendole era arrivata fino ai paesi abbandonati, dove s'era incontrata con altra erba, quella delle verdure inselvatichite e traboccanti dagli orti e dai giardini, e insieme con esse aveva preso d'assalto le case. Portata dal vento e dalla pioggia, sui tetti s'era depositata un po' di terra: ciuffi d'erba erano cresciuti tra le tegole, qua e là spostandone qualcuna, e quando una tegola si sposta, si sa, l'acqua filtra, intride ed attacca le travi, il tetto comincia lentamente a cedere. È il principio della fine.

Ma il bosco non è solo piante ed erba, è fatto anche dagli animali che lo abitano. La selvaggina sopravvissuta agli uomini s'era moltiplicata. Era tornato a farsi udire il grido dello sparviero che atterriva uccellini, topi e bisce; le bestie che a lungo s'erano tenute negli angoli più segreti ed inaccessibili, erano discese sempre meno timidamente a valle; e se non c'erano più pollai da saccheggiare, le volpi potevano cacciare gli indifesi conigli selvatici. Le vipere avevano lasciato i loro rifugi, e in cerca di topolini, passeri e talpe avevano ripreso i campi abbandonati giungendo fino alle case, dove erano entrate strisciando attraverso le soglie crollanti. I pochi cacciatori che, in qualche stagione dell'anno, s'avventuravano nei boschi, trovavano sempre più di frequente tracce di animali che tutti credevano scomparsi: faine, donnole, cinghiali. Sui monti più alti, dove il bosco non giungeva, erano riapparsi i cavalli.

2

– ECCO. Quella è la casa dello zio.

Il babbo rallentò. Ed Enzo provò una stretta al cuore. Per tutta l'ultima parte del viaggio aveva, in silenzio, cercato di contrastare l'ansia che cercava di prenderlo: «Eh, via» si diceva «non sarà poi un disastro, stare un giorno con quel vecchio! Non abiterà mica in una grotta: mi metterò nella mia stanzetta e aspetterò il babbo con i suoi amici... E poi, lo zio Mario non sarà mica un selvaggio. Pecoraio, sì, ma è pur sempre lo zio, il fratello del nonno; è scappato dalla casa di riposo, ma non è mica evaso dalla prigione, e Fonterossa sarà una frazione fantasma, ma come ci vive lo zio Mario, ci potrò vivere anch'io, no?».

Così s'era detto tentando di darsi coraggio. Ma quando aveva visto le case cadenti (qualcuna, anzi, già crollata) della frazione, quando il fuoristrada, sobbalzando per la stradina piena di buche e di macerie era passato davanti alla chiesa dai muri scrostati, quando aveva attraversato uno spiazzo con l'erba alta mezzo metro, quando infine era apparsa la casa dello zio Mario, il coraggio era scomparso, lasciando posto a una specie di smarrimento, di voglia di fuga.

– ...abita là? – chiese in un soffio.

– Sì.

– Ma come fa?

Come era possibile abitare in quella baracca assediata dalle erbacce, in quella casupola che pareva dovesse sfasciarsi da un momento all'altro? Come poteva vivere, un uomo, tra quelle mura di pietre e mattoni sconnessi e macchiati da ciuffi d'erba? Che luce poteva entrare, da quelle finestrelle cui pochi vetri erano rimasti, e che erano protette da pezzi di legno o di cartone? Chi poteva entrare ed uscire, da quella porta bassa e storta, con quei gradini a sghimbescio e incrostati di fango? In un punto, sotto il suo stesso peso, il tetto s'era abbassato fino a sì e no un metro da terra: e se fosse crollato mentre lui, Enzo, stava dormendo?

– Abita qui, papà?

– Ehi, sei sordo?

Il babbo scese dal fuoristrada e andando verso la casa chiamò: – Mario! – e aggiunse – Zio Mario! Sono Giovanni!

Nulla. Immobile sul sedile, Enzo guardava quella porta chiusa; e gli tremava dentro la speranza che lo zio fosse, in qualche modo, assente; fosse andato via, insomma: anziché lasciarlo là, il babbo l'avrebbe condotto in paese, ci doveva pur essere un albergo, no? Questo pensiero gli ridiede un po' di coraggio: «Ecco», pensò, «dirò a papà che mi porti in paese, lo aspetterò là...».

– Mario! Sei in casa?

Il babbo aveva chiamato battendo alla porta.

Nulla. Enzo si tese in avanti a guardare. Forse lo zio se ne era davvero andato.

– Chi è?...

Silenzio. La voce era giunta da dentro la casa, una voce roca, forte, quasi minacciosa, quasi cattiva. Enzo non si mosse, a una a una guardando le finestre, e ancora trattenendo il respiro, in attesa che lo zio s'affacciasse...

Nulla.

– Sono io, zio. Sono Giovanni.

Dopo un attimo, quella voce: – Cosa vuoi?

– Avrei da parlarti. Apri. Sono qui con mio figlio.

– Cosa vuoi?

– Parlarti, ti dico! – rispose un po' stizzito il babbo.

– Non ho niente da dirti! Lasciatemi stare! Non mi muovo, da qui!

Enzo guardava e ascoltava quasi senza respirare. Il babbo allargò le braccia e disse ad alta voce: – Zio, non metterti in mente delle cose. Non sono venuto per quello che pensi. Nessuno ti vuol portar via di qui. Ci sei tornato e ci stai, capito? Su, apri.

Silenzio ancora. Poi venne il rumore d'un catenaccio tirato; la porta si socchiuse, Enzo guardò, non vide nessuno. Sentì quella voce dire, più bassa, ora: – Cos'hai da dirmi?

– Zio, apri. Parlo sul serio. Non ci sono trucchi.

– Cos'hai da dirmi?

– Caccia.

A questa parola, detta dal babbo come una formula magica, la porta si schiuse ancora un po':

– Caccia grossa, zio. Ho i fucili sulla macchina. Ma ci servi tu.

La porta s'aprì ed Enzo vide lo zio.

Era alto, lo si vedeva bene, anche se stava curvo, ora, sulla soglia della bassa porticina; magrissimo, capelli bianchi e arruffati, braccia molto lunghe, grosse mani strette a pugno; vestiva un vecchio abito che era stato nero, chissà quando, e calzava grosse scarpe slabbrate. Guardò il babbo, poi si volse al fuoristrada: Enzo ebbe l'impressione d'esser stato scoperto, sorpreso mentre cercava di nascondersi e provò un nuovo tuffo al cuore. Lo zio aveva un volto scavato, lungo, secco, occhi attenti e cauti. Guardò per un istante, poi tornò al babbo:

– Come sarebbe, caccia? – disse.

– Fammi entrare, e ne parliamo. Te lo giuro – e il babbo posò la sua mano su una spalla dello zio – sono qui per quello. Non vedi, c'è solo mio figlio, là.

Lo zio tornò a guardare: – È tuo figlio, quello? – chiese.

– Sì, Enzo.

– Mio nipote?

– Sì. Enzo, vieni!

Oh Dio, il babbo l'aveva chiamato. Con l'ultima speranza che svaniva, il ragazzo scese dalla macchina e andò verso la casa. Non riusciva a pensare assolutamente a nulla. Lo zio teneva gli occhi fissi su di lui; non sorrise quando Enzo gli fu vicino e mormorò timidamente: – ... buongiorno.

Si limitò a stringersi brevemente nelle spalle e a dire a mezzabocca: – Sì, t'assomiglia. Va bene – e fece un passo indietro – venite dentro.

– Prendo qualcosa da bere – rispose il babbo.

E così, c'era ancora gente come quella. Nella stanzuccia piena d'ombra, seduto sulla vecchia panca messa contro la parete, incapace quasi e timoroso di muoversi, Enzo guardava sottecchi lo zio che aveva preso posto a quella tavola inzaccherata, segnata dalle vecchie e tonde tracce di bicchieri e bottiglie. Su di essa, il babbo aveva posto una bottiglia di vino, una di grappa e bianchi bicchieri di plastica.

C'era gente come quella. Che puzzava, cioè; e che non si lavava le mani. Che non si radeva: sulle guance, lo zio aveva grigi peli alti mezzo centimetro. Gente con pelle rugosa e raggrinzita; con un collo così, lungo, magro, rossastro, più da bestia che da uomo...

Fu un pensiero, questo, di cui Enzo si pentì subito e che gli fece male. Abbassò gli occhi. Si sforzò di non pensare a nulla, e ascoltare quello che il babbo diceva, riempiendo i bicchieri.

...Lupi, zio. Nel bosco sono tornati i lupi. Guarda – e il babbo mise sul tavolo alcune fotografie – guarda qua. Le hanno prese dall'elicottero.

– Che roba sarebbe? – rimandò lo zio dopo un'occhiata.

– Non lo vedi? Non è un lupo, quello?

Lo zio trasse dal taschino della giubba gli occhiali, li inforcò adagio e guardò a lungo, prima di mormorare: – E come si fa a dire che è un lupo?

– Lo dice, zio, gente che se ne intende. Dicono che una bestia così non può che essere un lupo. Guarda quest'altra foto.

– Magari è un cane. Ce ne sono, di randagi. E sono anche pericolosi.

– Macché cane! – e il babbo rimise le foto nella busta. – È un lupo. Sono tornati i lupi, nella valle.

– Chi vuoi che sia tornato! Se ne sono andati tutti, di qui.

– C'è un lupo, zio. È certo. L'elicottero...

– Sì, girano degli elicotteri, di tanto in tanto, chissà che gusto ci trovano. Se ci fosse un lupo, lo saprei. So tutto quello che c'è nei boschi, io.

Il babbo sorrise, scosse la testa e trasse un sospiro: – Zio – fece dopo un sorso di vino – tu *sapevi* tutto. Adesso, guarda, c'è chi lo sa meglio di te.

– Ah sì? E chi sarebbe?

– Quelli del Comitato regionale. Se dicono che il lupo c'è, vuol dire che c'è.

Lo zio tacque, portò il bicchiere alle labbra, ed Enzo vide che gli tremava un po' la mano.

– E che cosa gli importa, del lupo, a quelli del Comitato regionale?

Un sorriso appena accennato, un alzarsi di spalle, e il babbo rispose: – Gliene importa e come. Qui c'erano i lupi, un tempo, dicono; è giusto che siano tornati.

Lo zio alzò il bicchiere di plastica, si fermò, brontolò qualcosa, allungò il braccio magro, prese un bicchiere di vetro opaco e bisunto: – Riempi qui! – ordinò; chiese sgarbato: – E tu saresti di quel Comitato?

– Ti sembro il tipo? Secondo me, quella è gente che complica la vita. No, non sono del Comitato.

– E allora?

– E allora – fece dopo un po' il babbo – abbiamo un amico che ha saputo la cosa... Quelli del comitato vogliono tenerla segreta, ma noi...

– Ah, avete una spia.

– ...ma sì, se vuoi – e il babbo sorrise – diciamo che abbiamo una spia. Insomma, ci siamo messi in testa di prendere il lupo, prima che la cosa vada sui giornali, che si facciano leggi, divieti eccetera. Secondo noi – aggiunse in fretta, vedendo che lo zio stava per parlare – la natura ha delle sue leggi che vanno rispettate. La volpe caccia i conigli, il lupo caccia la volpe, l'uomo caccia il lupo. È sempre stato così. Questa è la nostra filosofia.

Domandò con una smorfia lo zio: – La vostra che? – e il babbo fece un cenno, come a dirgli di lasciar perdere: – Insomma, la vediamo così. Tu che sei stato un gran cacciatore, queste cose le capisci, no?

– Volete uccidere il lupo.

– Vogliamo cacciarlo. L'uomo è cacciatore, mi ricordo che lo dicevi sempre...

– Lo dico ancora.

– Ecco. Lo diceva anche il conte Arnaboldi, no? Quindi, vogliamo cacciare quel lupo. Pensa – seguitò il babbo, mettendo la sua sulla mano dello zio – una caccia al lupo! E chi la fa più, una cosa simile, in Italia?

Lo zio non disse più nulla, restò accigliato a sentire il babbo, che continuò a parlare del suo progetto. Volevano far base alla casa dello zio, avrebbero pagato per il disturbo; sarebbero andati con lui due suoi amici esperti di caccia al lupo, che erano stati diverse volte in Jugoslavia e in Romania: – Sanno come trovarlo, loro. Lo conoscono bene. Ah, mi sono procurato i permessi, si capisce...

– Che permessi? La caccia è chiusa, in questa stagione.

– Con la grana aggiusti tutto, zio – e il babbo sorrise. – Abbiamo un permesso speciale.

– Di caccia al lupo? – chiese lo zio.

– No, di quello non abbiamo parlato, non siamo mica scemi. Di caccia e basta. Se ci troveranno col lupo, diremo che l'avevamo scambiato per una volpe. O per un cane randagio, giusto. Senti, zio... ci dai una mano? Ci accompagni?

Silenzio. Dopo un po', lo zio chiese: – Alla mia età?

– Dài, zio. Sei ancora un giovanotto, tu.

– Un giovanotto è lui – e lo zio accennò col capo ad Enzo, che sussultò e sorrise con le labbra tese.

3

A UN CERTO momento il babbo si alzò: – Va bene, io adesso devo andare, torno domani sera con gli altri. Siamo d'accordo?

Anche lo zio si alzò: – Lo sanno, che qui non c'è luce, non c'è acqua...

– Sanno tutto – il babbo strinse lo zio per un braccio, e mormorò: – Il lupo c'è, e lo prenderemo. Certo, se tu ci aiutassi...

– No, no. Sono vecchio, io. Affar vostro.

– Tu l'hai visto, vero? Tu sai dov'è. Vero?

Lo zio fece una gran smorfia, si strinse nelle spalle, diede sulla mano che gli stringeva il braccio un lieve colpo, come quello che si darebbe a una mosca; il babbo ritrasse la mano, fece segno di no, e uscendo dalla casa disse: – Ho capito. Be', Enzo, aiutami, andiamo a prendere la roba.

Era il momento che Enzo aspettava; aiutando il babbo a scaricare dal fuoristrada i fucili e quant'altro avevano portato, mormorò fervidamente: – Papà, per favore, guarda, non lasciarmi qui... portami al paese, io non posso rimanere.

– E perché?

– ...perché no, papà! Davvero. Portami al paese, ci sarà un albergo, qualche posto...

– No, no, Enzo.

– Che differenza fa? Non ci voglio stare, qui!

– Non posso. Lo zio s'offenderebbe, hai visto che tipo è.

– Ma io non ci voglio stare! Papà, pensa, stare qui una notte e quasi due giorni!

– No, no, non posso fare una cosa del genere.

– Ma che cosa ce ne importa, dello zio? – piagnucolò Enzo. – Che cosa ci faccio, qui, in questa casa?...

– Su, poche storie. Non complicare le cose – tagliò corto il babbo. Portarono nella casa tutto quanto avevano sulla macchina, armi, sacchi a pelo, una quantità di roba da mangiare; il babbo disse qualcosa allo zio, e se ne andò. Le quattro ruote traenti del fuoristrada sollevarono una sventagliata di sassi.

Enzo si sentì abbandonato a se stesso.

Si volse verso la casa. La porta era chiusa, lo zio non si vedeva. Che fare? Entrare?

No. Ne aveva abbastanza di quell'odore

di cipolle e di cose vecchie ed unte. Si volse a guardarsi attorno.

Il bosco serrava da vicino le poche case di Fonterossa. Copriva ogni angolo della montagna, dal suo ciglio lontano e pieno di sole, al suo fondo che non si poteva scorgere e nel quale già s'addensava l'umida ombra del tramonto. Montagne da ogni lato, tutte egualmente scoscese e rivestite da alberi; qua e là, tra quel verde scuro ed intenso, il chiaro grigiore delle rocce. Al di là di quei monti, altri monti. Uno scenario eguale e selvaggio. Non un segno della presenza dell'uomo. Spirava da quelle montagne un gran silenzio e una profonda malinconia. Allo scoraggiamento di Enzo cominciò ad aggiungersi una mai provata inquietudine. C'erano dunque ancora posti come quello? La sua casa era a nemmeno tre ore d'automobile, e sembrava lontanissima; l'autostrada con il suo traffico era vicina, a pochi chilometri, e pareva quasi in un altro mondo. Che fare, là? Come avrebbe passato le ore che aveva davanti?

Quante erano? Cercò di calcolarle, non riuscì. Seppe solo che sarebbero state le ore più lunghe della sua vita. Voglia, ancora, di pianto e di ribellione. Ma non poteva piangere, naturalmente. E contro chi poteva ribellarsi?

Che cosa poteva fare, allora?

Il sole s'avviava adagio ad occidente, l'aria era leggera e profumata, sapeva di fiori e d'amaro; di tanto in tanto, una folata di vento, e l'erba nata tra le case si muoveva un poco. Era un posto di morti, quello.

– Ehi, tu!

Sussultò a quel richiamo, si volse; lo zio Mario veniva verso di lui, con passo lento e diceva: – Io vado, vuoi venire, o... – accennò alla casa col pollice, e passò oltre. «Non gliene importa niente di quello che voglio fare» pensò il ragazzo con una fiammata di sdegno «che stia qui o che vada con lui, non gliene importa niente...». Rispose sgarbato: – No, vengo con lei – e a queste parole lo zio si fermò di botto. Si volse, guardò il ragazzo, chiese: – Hai delle altre scarpe? Non so, degli scarponi?

– Sì.

– Ecco. Va' a metterli. T'aspetto.

– Ma queste sono comodissime...

– T'aspetto – ripeté lo zio volgendosi a guardare il bosco. Enzo ebbe l'impulso di rispondere: «E allora vai da solo!», ma non lo fece, e rosso in volto obbedì, entrando in casa e traendo dal suo sacco gli scarponcini alti che aveva portato. Li calzò, cominciò a stringarli con rabbia, s'accorse d'avere le mani sudate, e s'irritò ancora di più. Che idea! Chissà dove aveva in mente d'andare, quel vecchio! Alla fine, però, meglio star fuori, che in quella casa puzzolente. Quando fu pronto, guardò l'orologio. Appena le cinque. Oh Dio.

Lo zio diede un'occhiata alle scarpe, fece segno di sì, e s'avviò. Enzo lo seguì senza dir nulla. Percorsero una stradina ingombra di rottami avvolti da piante infestanti, passarono accanto a una casa crollata: al piano superiore, si vedeva ciò che restava d'una camera da letto, con un comodino e qualche quadretto appeso alle pareti azzurre. C'erano mattoni sparsi dappertutto. Cose del genere, Enzo le aveva viste alla tivù, quando trasmettevano servizi sulla guerra in questo o in quest'altro paese. Andarono verso il bosco, appena al di là d'una zona verde e quasi senza alberi. Cominciò a farsi sentire un rumore d'acqua, chiaro e gaio; dopo un po' si vide una sorgente: l'acqua usciva da una canna di ferro, cadeva in un sasso scavato, traboccava e scorreva via perdendosi nell'erba. Lo zio si fermò: – Vuoi bere? – chiese, e aggiunse subito: – È buona. Fresca.

Enzo disse: – Non ho sete, davvero.

Lo zio riprese a camminare verso il bosco, seguendo un sentiero. «Chissà dove mi vuol portare» pensò Enzo. Procedettero per un po' sotto i grandi rami carichi di foglie; il silenzio era ancora più profondo, qui, il profumo più intenso. S'andava in salita. Silenzio più assoluto, lo zio non si girò nemmeno una volta. Dopo un quarto d'ora, Enzo sentì le gambe che protestavano: ma sarebbe morto, prima di chiedere a quel vecchio di fermarsi.

Si fermò, lo zio, appena oltre un albero gigantesco e dai rami che s'abbassavano a sfiorare il terreno; batté i piedi a terra e puntando l'indice disse: – Ecco. Ti piacciono?

– Mi piacciono cosa? – avrebbe voluto dire Enzo; tacque invece. Che cosa gli doveva piacere? Non voleva niente, lui. Lo zio comprese, tese le labbra in una specie di sorriso e spiegò: – Guarda lì. Fragole. Sono venute un po' prima, quest'anno. Ti piacciono?

Le vide, rosse e piccole nell'erba. Rispose stringendosi nelle spalle: – No, non tanto – e non si curvò a raccoglierle, come invece fece lo zio, che se ne mise in bocca qualcuna e che poi, tendendo la mano aperta, qualcun altra offrì al ragazzo, senza dir nulla. Davanti a quella vecchia mano callosa e nerastra, Enzo provò un vago senso di disagio; guardò appena quelle fragoline e mormorò: – No, davvero.

– Su. Come queste, in città non le mangi di sicuro.

– Già – avrebbe voluto rispondere – con la differenza che in città le vendono grosse dieci volte di più.

Prese riluttante una fragola, la mise in bocca e l'inghiottì come fosse una pastiglia; ma non poté non sentire un gran profumo dolcissimo che gli riempì la bocca.

Lo zio aveva ripreso a camminare; mormorò: – Quella pianta lì – levò il mento – avrà trecento anni, lo sai?

«E a me che cosa importa?» pensò Enzo. Disse: – Ah.

– Vedi che ha il tronco come segnato dall'alto al basso? È stato un fulmine. Cento anni fa. Un fulmine – ripeté lo zio – di cento anni fa.

– Cento anni... – ripeté Enzo tanto per dire qualcosa e guardò ancora l'orologio. Le cinque e mezza. Il tempo non voleva saperne, di passare.

Le sei. Un paio di volte lo zio s'era fermato, chinandosi ad esaminare il terreno: – Cinghiali, vedi? – aveva detto ad Enzo; e poi: – Volpe, guarda il segno... – e fiutando l'aria aveva aggiunto: – Lo senti l'odore, lo senti com'è forte? – ma Enzo non vedeva nulla e non sentiva nessun odore. Camminarono su un tappeto di foglie secche tra le quali spuntava l'erba; lo zio si fermò davanti a un fitto cespuglio, lentamente ne scostò i rami e mormorò: – Guarda.

Enzo vide quella specie di fagotto di foglie secche, e interrogò con gli occhi. Come temendo di svegliare qualcuno lo zio ripeté in un soffio: – Guarda – e il ragazzo vide qualcosa di tondo e di colorato, tra quelle foglie: piccole uova. Lo zio spiegò, lasciando che i rami si richiudessero: – C'è un uovo di cuculo.

– Ah.

– Il cuculo non fa il nido, va nei nidi degli altri, e ci mette le sue uova.

– Ah.

– L'hai sentito cantare, eh, il cucù?

– No.

Le sei e mezza, erano saliti ancora, e s'era cominciata a fare una gran luce, tra gli alberi che si venivano diradando; lo zio fece qualche passo, si fermò, disse solennemente:

– Ecco.

Enzo fu al suo fianco e vide sotto di sé la valle. Erano sul ciglio d'una china verde e scoscesa, che scendeva a perdersi nel bosco sottostante; di fronte a loro, fino a perdita d'occhio, cime e dorsi eguali e solenni, come se tutto il resto del mondo fosse montagna. Stavolta l'indifferenza che Enzo aveva provato, e che si era anche imposto di provare, si incrinò un poco. «Quello era uno spettacolo» pensò «che nessuno aveva visto; e che lui non avrebbe mai immaginato di poter vedere».

Dal fondo della valle giungeva come un mormorio continuo e sommesso, al quale il ragazzo provò, ancora, uno strano turbamento; a mezza bocca chiese: – Cos'è? – e lo zio rispose: – È il torrente.

Non parlarono. Lo zio sedette e fece un cenno, invitando il ragazzo a fare lo stesso. L'erba era soffice. Enzo sentì nelle gambe un dolore che si trasformò, quasi subito, in una sensazione gradevole, buona. Respirò a pieni polmoni e pensò: «Ah, se fosse qui Melania!»

«Perché dovrebbe essere qui?», si chiese stupito. «Be'», si rispose, «questo spettacolo mi piacerebbe di più, se ci fosse lei... Perché?»

Non volle cercare risposta. Cominciava ad essere stanco. Forse, era arrivato il momento di chiedere allo zio di tornare a casa: era brutta e puzzolente, sì, ma...

– Loro dicono del lupo – mormorò d'un tratto lo zio. – Quando qui c'era la gente, c'erano le pecore e le capre, allora sì, andava bene cacciare il lupo. Ma adesso... a chi dà fastidio? Uccidere il lupo!

Si volse ad Enzo: – Perché?

Il ragazzo strinse le labbra, come a dire che non sapeva. Lo zio tornò a guardare alla valle: – ... e una volta che l'hanno ucciso... – disse. Non continuò.

Passò qualche minuto; sottecchi Enzo guardava lo zio, che muoveva piano le labbra, dicendosi chissà che cosa. Il sole stava adagio calando, era ora di mettersi sulla via del ritorno, no? Il ragazzo si fece forza: ora l'avrebbe detto. Cominciò: – Zio... Si spaventò, quasi, della sua voce. E non parlò più, stupefatto e forse preoccupato.

Perché lo zio non l'aveva sentito, teso com'era ad ascoltare e a guardare sotto di sé, la valle. Enzo provò una sorta di brivido: che cosa accadeva? Perché lo zio era così immobile, perché così pietrificato, nemmeno respirava? C'era qualcosa, qualche pericolo?

Si ridiede coraggio e ripeté sommessamente: – Zio... – ma il vecchio levò brusco la mano, come ad imporgli di tacere, e continuò a guardare la valle. Guardò anche Enzo, allora, e vide che dal fondo di essa si erano levati bianchi vapori, come veli, che fluttuando salivano adagio. Domandò: – Cos'è, zio?

Lo zio gli si volse con occhi così attoniti e spalancati che il ragazzo ne fu spaventato; tacque inghiottendo. Doveva esserci qualcosa, se no, perché lo zio aveva quell'espressione, quello sguardo?...

– Zio...

La vecchia bocca si socchiuse; continuando a fissare Enzo, lo zio sussurrò: – La nebbia agli irti... –. Stupefatto attese, ripeté: – ...la nebbia agli irti... – e parve cercare una risposta che non veniva. Enzo disse allora: – La nebbia agli irti colli?...

Si ricordava di quella poesia, l'aveva studiata a memoria in quarta elementare. Ma che cosa c'entrava?

Una luce negli occhi dello zio, che mormorò: – E... poi?

Senza volerlo, il ragazzo rispose: – ...piovigginando sale, e sotto il maestrale urla e biancheggia il mar. Ma – riprese come spaventato – nelle vie del borgo, tra il ribollir dei tini...

Tacque sconcertato. Lo zio aveva lacrime agli occhi.

4

TORNARONO a casa. «Perché un vecchio come lui dovrebbe commuoversi a sentire quella stupida poesia da quarta elementare?» si era chiesto Enzo; e s'era risposto: «Sì, proprio perché è vecchio». Intanto erano arrivate le sette e venticinque; mezz'ora per mangiare, le otto.

E poi?

Niente luce, questo lo sapeva. Niente acqua corrente, sapeva anche questo: poteva anche fare a meno di lavarsi. Come avrebbe passato la sera? Niente televisione. Niente di niente. Ah, se avesse insistito col babbo! Se si fosse fatto condurre al paese!..

– Vieni, ti faccio vedere dove dormi, prendi il tuo sacco – gli disse lo zio, e con il lungo indice accennò verso l'alto. In silenzio Enzo lo seguì per i pochi ripidissimi gradini d'una scaletta, e fu in una sorta di soffitta, polverosa, piena di ragnatele e molto vasta, i cui angoli erano scuri d'un'ombra che non si diradò nemmeno quando lo zio alzò la lampada ad acetilene che aveva in mano: – Qui c'è una branda, vedi? – fece – Non sarà come a casa tua, ma quando si è ragazzi...

– Sì, sì – rispose Enzo, mettendo il sacco a pelo sulla branda. Ragazzi o no, come si faceva a dormire su quella molla rugginosa, tra il pavimento di legno e le nude tegole del soffitto? Avrebbe voluto protestare, ma disse: – Va benissimo. Lo zio fece segno di sì: – E qui c'è il catino con l'acqua. Ce l'hai, il sapone?

– Sì.

– Bene. Vado a preparare da mangiare, eh, avrai fame. Quando avevo la tua età, io... eh, se mangiavo! I piatti, mangiavo!

Mentre lo zio scendeva la scaletta, Enzo si distese desolato sulla brandina. Se si fosse addormentato, non si sarebbe accorto del passare del tempo; s'era invece abituato ad andare a letto piuttosto tardi, verso le dieci e mezza e quindi... Ah, il babbo non avrebbe dovuto fargli uno scherzo simile, lasciarlo là, solo, in compagnia di quel vecchio!

– Enzo!

Si trasse a sedere con un brivido. Lo zio l'aveva chiamato, e doveva essersi assopito. Subito guardò l'orologio: le otto. Be', a dormire, il tempo passava in fretta.

Scese nella cucina; c'era un buon odore di minestra, e sul tavolo una zuppiera fumante. Lo zio aveva davanti a sé un piatto di salame affettato, del formaggio e del pane. Disse con un sorriso: – Vieni, vieni... Dormito un po'? Un po' stanco?

– No – mentì il ragazzo.

Lo zio annuì: – Be', mangiamo.

Non si mosse. Veramente, credeva che si sarebbe mangiata la roba che aveva portato il babbo, quel buon prosciutto in busta, salmone in scatola, pizza da riscaldare al forno, merendine eccetera... Fece: – E... i viveri che abbiamo portato?

– Li lasciamo per tuo papà e per i suoi amici, no? Tanto da mangiare ce n'è.. Serviti. È roba buona, vuoi un po' di questo? Prese cinque o sei fette di salame e le mise nel piatto di Enzo. Con quelle mani sporche, pensò il ragazzo. Mormorò: – Non ho tanta fame, stasera.

– E come mai? – e lo zio parlava e con le mani si metteva il salame in bocca. – Devi mangiare lo stesso. Quando si è ragazzi, bisogna star su col mangiare, farsi le ossa.

Silenzio. Lo zio a bocca piena domandò: – Cosa fai, tu? A scuola, dico.

– La seconda.

– Ah sì? E vai bene, a scuola? Eh sì, vai bene, ho sentito che dicevi quella poesia...

Lo zio s'interruppe di botto, abbassando la testa sul piatto che aveva riempito di minestra. Enzo attese per un po', poi mormorò: – Zio...

Quei vecchi occhi lo guardarono, ed erano limpidi, chiari. Lo zio sorrise, scrollò il capo: – Ai miei tempi, quando ero un ragazzo come te, non si andava più a scuola, e ...e a scuola, non ci crederai, ero bravo. Abbastanza. Una volta, il maestro mi ha detto: «Calvi, se potrai studiare, diventerai magari un perito, un diplomato...» –. Attese un sorriso o qualche parola che non venne, e con un sospiro concluse: – Ma che cosa vuoi, c'era da aiutare la famiglia... È andata così. Me lo ricordo, il maestro, si chiamava... si chiamava... Tacque, nello sforzo di ricordare; poi rinunciando fece: – Me l'aveva fatta imparare lui, quella poesia: la nebbia agli irti... Non so come mi è venuta in mente. Non lo so – ripeté lo zio, e il suo sguardo si perse chissà dove – l'ho studiata... non so, quasi ottant'anni fa...

Ottant'anni. Enzo sentì che doveva dire qualcosa: lo prese un senso di panico. Mormorò quasi tremando: – Lei... era fratello del mio nonno, vero?

– Come? Ah, sì. Giovanni. Era mio fratello. Si chiamava come tuo papà. Ti piace, il salame?

– Sì – rispose Enzo, preso alla sprovvista; non s'era nemmeno accorto d'aver cominciato a mangiare.

Non aveva mai visto da vicino un vecchio. Aveva sentito parlare dei vecchi, ma non aveva mai scambiato nemmeno una parola con qualcuno di loro. Credeva che fossero...

Ma no. Non credeva niente. Non erano mai stati niente, per lui. Per lui, era già vecchio un ragazzo di vent'anni.

Qualcosa credeva, invece: e cioè che i vecchi fossero molto diversi dai giovani. Forse sbagliava. Avevano solo più anni.

Mangiò il salame fino all'ultima fetta. Mangiò il pane. Lasciò che lo zio gli versasse la minestra nel piatto e prese il vecchio cucchiaio da quelle vecchie mani; guardandole, vide che non erano sporche, ma solo vecchie. Ancora, si disse che doveva parlare; ma ancora non trovò niente da dire. Alzò gli occhi. Vide che lo zio lo fissava intensamente. Aveva smesso di mangiare e lo fissava.

Si sforzò di sorridere.

Mormorò lo zio: – Lo sai, io non mi ricordo nemmeno più dei ragazzi come te. Quanti anni hai?

– Dodici – rispose Enzo come confessando una colpa.

– Ecco. Ci pensavo. Non mi ricordo più di quando ho parlato a un ragazzo di dodici anni. Cosa vuoi, noi vecchi...

– Ma no – protestò debolmente il ragazzo; lo zio seguitò: – ...noi vecchi siamo un po' selvatici, e alla fine non ci vogliono più e, guarda, è giusto. Noi stiamo meglio da soli. Sì – ripeté a se stesso – da soli. Glielo dicevo, a tuo papà: sto bene da solo, non vado nell'ospedale. Te lo ha detto, tuo padre, che ero in quel posto e che... – ora fu lo zio a parlare quasi confessando una colpa – che sono scappato?

– Sì.

– Eh!... Ma vedi, quando uno scappa... ce l'avrà il suo motivo, no?

– Cosa? – esclamò Enzo; si pentì della sua esclamazione, ma non era stato capace di trattenersi: lo zio aveva detto le stesse parole di Melania. A rimediare, balbettò: – Sì... certo. Lei... ha fatto bene...

Un sorriso: – Fatto bene? Vaglielo a dire al sindaco. Ma il fatto è, che la vita è una cosa complicata, sempre, guarda. Anche quand'ero ragazzo: una cosa, l'altra ancora, fare questo, fare quello... Il sindaco una volta mi ha detto: beato te, Mario, che fai una vita semplice. Semplice? Come sarebbe semplice? La vita non è mai semplice. Non è complicata – chiese d'un tratto – la tua?

Rispose il ragazzo preso alla sprovvista: – Io non so... No, non è complicata. Non mi pare.

– Non ci hai mai pensato?

– Non so...

– Va bene, fidati di me. La vita è una cosa complicata. Ma – lo zio sorrise e solo allora Enzo s'accorse che aveva ancora tutti i suoi denti, bianchi e forti – ma per questo è bella. E poi, vedi, non c'è niente di cui aver paura...

Lo zio accennò al piatto: – Non mangi? Non ti piace? È minestra con le ortiche, sai?

– Le ortiche?

– Non quelle che bruciano, è un'altra erba. Ho fatto bene a scappare, hai detto? – ripeté lo zio. – Eh, si sono arrabbiati. Ma che cosa vuoi, certe volte, se non si scappa... si muore.

Silenzio. Durò a lungo, non s'udì che il rumore dei cucchiai contro il piatto, e quello che faceva lo zio sorbendo la minestra. Disse Enzo: – Anche una mia compagna di scuola ha detto che...che certe volte bisogna scappare. Ma che un suo zio... – s'interruppe, concluse: – insomma, non deve esser riuscito a scappare, ecco.

Ancora silenzio. Lo zio scostò i piatti vuoti, sospinse un pezzo di formaggio davanti ad Enzo: – Dev'essere brutto: sei lì che vuoi andar via, e non puoi... Eh!

Scappare? – mormorò dopo un attimo, scuro in volto – C'è solo un momento dove non devi scappare, sai quando? Quando sei in guerra. Ma se no... – scosse la testa, e intensamente aggiunse: – Domenica ci sarà qualcuno che dovrà scappare per non... Be', basta con 'ste storie!

Mise l'indice sul formaggio: – Mangia questo. È buono. Non lo fanno quasi più... – prese d'un tratto la mano del ragazzo e disse: – Mi dispiace, lo sai?

Lo guardò stupito: – Le dispiace? – echeggiò – Di che cosa?

– Ma sì. Questa casa non è fatta per i ragazzi. Gliel'avevo detto, io, a tuo papà: non lasciarlo qui, non posso fargli compagnia. Io sono vecchio, lui è un ragazzo...

– No, ma che cosa c'entra? – fece a mezza bocca Enzo, dopo un po'. Ah, quindi era così, quindi era stata un'idea del babbo, quella di lasciarlo a casa dello zio.

– C'entra, c'entra. Io dico che... – riprese il vecchio, e s'interruppe, al grido che s'era fatto sentire, improvviso e stridulo; subito Enzo chiese preoccupato: – Che cos'è?

– Niente. La civetta.

– Fa dei versi così?

– Sì. Ah, se stanotte senti qualcuno che sospira, ma forte, vicino a te... be', non pensarci, è la civetta. È sul tetto, ma sembra che sia lì sul cuscino. È una bestia – riprese Mario – grossa. Mai viste di civette così grosse. La gente dice che menano gramo, ma... – un sorriso – non è vero. Sono brave bestie. Utili. Uccidono i topi.

– I topi? – domandò il ragazzo con un lieve brivido.

– Ma di quelli piccoli. Non c'è d'avere paura di niente, qui. Se mai delle vipere, ma con scarpe forti come quelle che avevi, non ti succede niente. Ricordati solo, prima di metterti a sedere o di metter le mani nell'erba, di batter bene i piedi. Loro sentono tremare la terra e scappano.

«Ecco perché ha battuto i piedi» pensò Enzo «prima di cercare le fragole». Lo zio ritrasse la mano. Altro silenzio. Il tempo colava via lento; a tratti la luce della lampada s'abbassava, per poi riprendere. Dopo il grido della civetta, non s'era udito altro. «Forse» pensò Enzo «se vado a dormire...». Ma qualcosa gli si ribellò dentro. No. L'avrebbe decisa lo zio, l'ora di andare a dormire.

– Lei – chiese, un po' a fatica – ha visto qualcuno morsicato da una vipera?

– Sì, uno... ma tanti anni fa. Portava le mucche in campagna, era un ragazzo, s'era seduto, aveva messo una mano proprio sopra la vipera...insomma, è andata così.

Attonito Enzo domandò: – È ...è morto?

Lo zio fece segno di sì: – Ma adesso non si muore più. Il dottore, o il farmacista, ti fa una puntura, e stai bene. Non pensarci.

Se cominci a pensare alle vipere, nel bosco non ci vai più. Meglio che vai a dormire, Enzo, sei stanco. Prima, però, vieni a vedere.

Si alzò, andò sulla soglia, disse: – Guarda.

Non trattenne un'esclamazione di meraviglia. Pensava che non ce ne fossero più. Le aveva viste soltanto nei cartoni animati, e pensava che fossero una favola, solo quello. Invece, le lucciole erano lì, davanti a lui, a riempire il buio di piccole stelle vaganti e pulsanti. Quante erano? Mille, più di mille... fu tentato di mettersi a correre tra quelle luci. Balbettò: – ...ma è... meraviglioso! – e chissà perché gli venne ancora in mente Melania.

5

SOFFIÒ sulla candela e il buio gli piombò addosso. Tenne gli occhi spalancati: quando lo faceva, in città, prima o poi trovava una luce, o il riflesso d'una luce... Qui, nulla. L'oscurità era completa. Questo gli mise addosso paura e, insieme, un senso di sicurezza. Si rannicchiò nel sacco a pelo e chiuse gli occhi. Si sentì subito preso da una stanchezza quasi dolce. Sì. Solo qualche ora prima, gli era sembrato impossibile, ma adesso sentiva che avrebbe passato una buona notte. Forse, l'aveva giudicato male, lo zio Mario, povero vecchio. Certo, quella era una casa povera e disordinata, anche se non sporca come aveva pensato al momento, e abitarvi...

Sempre meglio della casa di riposo, no?

Scappato dalla casa di riposo, e aveva trovato la strada per Fonterossa: come fanno certi cani. Una volta alla tivù, si ricordò, avevano parlato di un cane che era scappato da chissà dove, ed era tornato alla sua casa lontana chissà quanti chilometri... Provò un dolore intenso: aveva paragonato lo zio a un cane!... Ma no, non voleva mancargli di rispetto... Già, deve essere vero. Se uno scappa, ha le sue ragioni. Uno scappa per vivere... lo zio di Melania non era riuscito a scappare: era morto, allora? Ah, e che cosa aveva detto, lo zio? Che qualcun altro sarebbe dovuto scappare, domenica...

Dopodomani. La caccia al lupo. Fremette al pensiero di dare la caccia all'ultimo lupo. Abbatterlo. Diventare eroi.

S'addormentò.

Si destò all'improvviso rumore che s'era fatto sentire proprio sopra la sua testa, anzi come se qualcuno fosse accanto a lui sulla branda... Lo prese una fulminea paura. Restò a guardare il buio, teso in ascolto. Ancora quel rumore. Qualcosa si muoveva sul tetto, a mezzo metro da lui. «Topi?» si chiese rabbrividendo.

Non s'udì più nulla, ma Enzo rimase in ascolto quasi trattenendo il fiato. Gli giunse un lamento lontano, molto lontano. Si trasse a sedere tendendo le orecchie. Qualcuno si lamentava, da qualche parte nel bosco. Un uccello, una volpe?...

«E se adesso ululasse il lupo?» si domandò.

Tornò a distendersi. In quella casa era al sicuro. Ci fosse stato del pericolo, lo zio si sarebbe già alzato e messo in allarme; non s'udiva nessun rumore, lo zio quindi dormiva. Nessun pericolo. E poi lo zio l'aveva detto, non c'è niente di cui aver paura.

E il lupo?

Eh, di lì a poco avrebbe finito di fare il prepotente. Li aveva visti in certi telefilm, i lupi. Quelli dell'Alaska e della Siberia erano i più terribili, si mettevano all'inseguimento delle slitte e se i cacciatori non erano più che bravi con il fucile, per loro era la fine.

Sterminarli tutti, si doveva.

Tornò a rilassarsi e a cercare il sonno. Chissà perché lo zio s'era commosso, a quella poesiola. Be', perché si sarà ricordato di quando era ragazzino... Ma via, impossibile che sia stato ragazzino. Deve essere sempre stato vecchio. S'è commosso per quello.

Mai immaginato, mai pensato a un vecchio che si commuoveva per quelle cose.

Si riaddormentò, si risvegliò al sospiro profondo che si fece sentire: non ebbe paura, era la civetta, lo zio l'aveva avvertito.

Rumori, ma vicini adesso e che venivano dal basso. Aprendo gli occhi Enzo vide che da una finestrella e da molte fessure nel tetto filtrava una fioca luce. Era giorno, era l'aurora, e quelli erano i passi dello zio, che doveva aver dormito nella cucina, o in quell'altra stanzuccia, dove il babbo aveva sistemato i fucili e il resto. Aveva ancora sonno, tornò a chiudere gli occhi, udì la porta aprirsi. Chissà dove stava andando, lo zio, a quell'ora.

– Sveglia! Ehi, Enzo, sveglia!

La voce e colpi sul pavimento. Enzo fu strappato dall'ultimo sonno e fu svelto ad uscire dal sacco a pelo. – Sono pronto! – rispose ad alta voce. Si sentiva pieno di curiosità per quel giorno che cominciava. Andò al catino, si bagnò appena il viso; alzandolo, lo vide riflesso in un piccolo specchio appeso a un chiodo; restò a guardarsi interrogandosi. Che cosa gli accadeva? Qualcosa che non riusciva a capire bene. Non andava tutto come s'era atteso. Strano, non gli dispiaceva d'essere in quella casa, e aveva dormito bene, anche se... «Basta, non complicare la vita», pensò.

Si vestì in fretta. Era mattino fatto, s'udiva il cinguettio di chissà quanti uccelli. Gridò lo zio:

– Io vado un momento alla sorgente, tu mangia, intanto!

– Sì!

Calzò gli scarponcini: niente paura delle vipere. Si scoprì a sorridere. Scese la scaletta...

Si fermò all'ultimo gradino. Mormorò:
– ...zio!

Sul tavolo, c'era un cartone di latte e un pacco di biscotti. Ma non questi guardava Enzo.

Guardava quella scodella traboccante di fragole. Ecco dove era andato lo zio all'alba. Nel bosco a raccogliere fragole per lui.

Si sentì pieno di... che cosa poteva essere, quella? Non tristezza, certo, che cosa? Severità, si disse stupefatto. Ecco che cos'era, e non aveva mai immaginato di poter provare un tale sentimento. Gli sembrava d'essere diventato molto saggio... Certo, se l'avesse detto ai suoi compagni, gli avrebbero riso in faccia.

Già, ma chi di loro aveva passato una notte in una frazione fantasma, come lui? Nessuno. Chi aveva sentito il lamento di quella bestia, il respiro della civetta? Chi di loro aveva visto le lucciole? Nessuno. Chi sarebbe andato a caccia del lupo? Strano, questa domanda gli scivolò via e nemmeno rispose ad essa. Prendendo la scodella, alzandola, aspirandone la fragranza, si chiese ancora: chi ha mangiato al mattino fragole di bosco?

Lo zio era davanti alla chiesa, con quella sua aria trasandata e allampanata; ed Enzo che andava a passo rapido verso di lui, credette di vederlo imbronciato. Se ne

preoccupò un poco e avvicinandosi chiese: – Che cosa c'è, zio? – e subito aggiunse con un sorriso – Grazie per le fragole. Erano buonissime, io non avevo mai saputo che ci fossero fragole così. Quelle dei supermercati sono...

Lo zio era davvero scuro in volto. Enzo di nuovo domandò: – Cosa c'è, zio?

– Niente c'è. Parlavo con – lo zio levò il vecchio mento verso la chiesa – con quello.

– Con quello?

– Sì. Il buon Gesù, il buon Dio, insomma. Gli dicevo di sistemare lui certe cose, visto che io non ce la faccio più.

Enzo cercò di capire, pensò d'aver capito, ma fu incredulo e chiese: – ...Gliele diceva... a Gesù?

– Vedi – e lo zio s'avviò – una volta ero cacciatore. Mi piaceva, ero convinto. Mi sembrava giusto. Adesso – scosse la testa – non mi va più. Quando so che sono venuti, e hanno ucciso una volpe, o una faina, o un falco... eh, è come se mi avessero fatto un dispetto. Povere bestie.

– Sì, ma la caccia è vecchia come l'uomo, no? Papà lo dice sempre, e dice che lei e il conte, non so più come si chiama, andavate a caccia, e...

– È vero, era così. Una volta mi piaceva. Adesso, no. È inutile, adesso. Sai che cosa? Ci vuole rispetto.

– Rispetto? – echeggiò Enzo. Lo zio fece

per parlare, rinunciò; tentò nuovamente, ancora rinunciò: – Non sono capace di dirle, certe cose... ma volevo dire... rispettare la vita di tutti... Va bene.

Enzo perplesso camminò al suo fianco: si fermò, poi, e domandò: – Zio, ma non andiamo nel bosco?

Senza fermarsi il vecchio rispose: – No, andiamo in paese. Devo comprare il sale. Non si mangia, senza sale; tuo papà ha portato tutto, tranne il sale. In nessuna casa deve mancare il sale, non devo fare la figura di stare in una casa senza sale. E poi – una smorfia – poi, il bosco te l'ho già fatto vedere e domani ci vai con tuo padre, no?

– Sì – ammise Enzo – però, con lei...

– Con me come sarebbe?

– Sì... di sicuro mio padre non mi fa vedere i nidi...

– Eh va bene, ma tu sei un ragazzo di città. Non devi pensare troppo a certe cose. Lasciale fare ai vecchi come me, certe cose.

Scesero verso il paese; era un mattino glorioso di sole, i boschi sembravano risplendere; Enzo pensò che i suoi compagni, a quell'ora, stavano entrando a scuola, e sorrise come di compatimento. Lo zio subito gli chiese: – Cos'hai, da ridere?

– Io? Niente. È lontano, il paese?

– Ma no, no. Una passeggiata – rispose lo zio; chiese ancora: – Di', l'hai sentito, stanotte, l'usignolo? Hai sentito come cantava?

– L'usignolo? – esclamò Enzo – Io... no. Ho sentito la civetta, ma non l'usignolo. Dormivo...

Soltanto due giorni prima, dell'usignolo non gliene importava un bel nulla: adesso, si sentiva come colpevole di non averlo sentito. Ripeté, desolato e sorpreso di se stesso: – Dormivo...

– Lo sentirai quest'altra notte. Di', Enzo, quanti anni hai? Dodici, hai detto?

– Sì.

– Ti piace, avere dodici anni?

Il ragazzo fu sorpreso da quella domanda; stringendosi nelle spalle rispose: – Non so, non saprei. No, non troppo. Mi piacerebbe averne sedici. Il papà ha detto che mi compera la moto, a sedici anni, e...

– Eh, no! – l'interruppe lo zio – no. Dodici e quattro sedici, vuoi buttar via quattro anni solo per avere una moto?

Tacque perplesso. Non ci aveva pensato. Gli anni allora sarebbero passati anche per lui? Forse, era meglio non avere fretta. Chissà.

Scesero in paese, vi restarono per un bel po', ed Enzo pensò d'esser stato fortunato a dormire in casa dello zio, e non in quell'alberghetto, davanti al quale sostava in quel momento un autobus avvolto in una azzurrina nuvola di fumo. Non s'accorse nemmeno di storcere il naso a quell'odore; e seguì lo zio tra le bancarelle d'un piccolo mercato. Tutti lo salutavano, lo zio, gli parlavano, gli sorridevano; Enzo non capiva quel loro dialetto, però seppe che una donna aveva chiesto allo zio chi fosse quel ragazzo; lo zio gli mise una mano sulle spalle e rispose con orgoglio che era suo nipote. Enzo ne fu un po' commosso, e fece segno di sì. Si sentiva contento, chissà perché. Lo zio comprò del sale e qualche altra cosa; aveva i soldi in un portafoglio vecchio come lui, dal quale li tirava fuori, biglietto per biglietto, lentamente, rispettosamente. Enzo vide che erano pochi, i soldi dello zio, non più di quelli che aveva lui per comprarsi le merendine... Si sentì colpevole, un'altra volta.

– Zio, quest'oggi, mi fa vedere i segni dei cinghiali?

– Sicuro. Si fa presto a vederli.

Ma quando tornarono a Fonterossa videro il fuoristrada davanti alla casa. Il babbo e i suoi compagni di caccia erano già arrivati. Strano: Enzo, che pensava d'accoglierli come liberatori, ci rimase un po' male a vederli. Ne fu deluso. Lo zio non l'avrebbe portato nel bosco. Forse avrebbe preferito che il babbo arrivasse più tardi.

Parte Quarta

Il lupo

1

MA quel pomeriggio gli passò in un attimo. Gli amici del babbo erano simpatici e pieni d'entusiasmo; gli dettero pacche sulle spalle, gli dissero che era in gamba, lo trattarono come se fosse uno di loro. Gli chiesero d'aiutarli a controllare i fucili di precisione che avrebbero usato per la caccia, gli mostrarono le fotografie scattate dall'elicottero, chiesero il suo parere su questa e su quest'altra questione, come se fosse un esperto cacciatore di lupi, o un conoscitore dei boschi. Dapprima Enzo sospettò che lo volessero prendere in giro, o che lo trattassero così perché era un ragazzino; ma si convinse subito che lo facevano perché avevano fiducia in lui, e per le cose che di lui aveva detto il babbo. Ne fu felice.
S'accorse appena che, dopo i saluti e le frasi scherzose, nessuno di loro aveva badato più allo zio, né gli aveva chiesto nulla; «forse il babbo» pensò per un attimo «doveva aver detto che lo zio non era troppo conten-

to della loro impresa»; ma fu giusto per un attimo, e dimenticò tutto, in quella strana atmosfera eccitante. La lunga folata di vento che annunciò il tramonto, lo trovò che stava contando le cartucce, disposte ben in ordine sul tavolo; guardandosi attorno, vide che lo zio non c'era.

Si preparò la cena: da una delle cassette saltò fuori una tovaglia di carta, e il vecchio tavolo cambiò aspetto; uno degli amici del babbo aveva portato il necessario per fare il riso al curry, e prese a trafficare attorno alla cucina; in breve la casa fu piena d'un odore che faceva davvero venire l'acquolina in bocca. Enzo ebbe l'incarico di tagliare a fette un grosso ananas tratto dal frigo portatile. Lo zio rientrò mentre si stavano stappando le bottiglie; lo accolsero con una specie di applauso, gli dissero che la cena era in suo onore e che gli spettava di diritto il posto a capotavola. Lo zio allargò le braccia e rispose che non era abituato, lui, a stare con quella gente così simpatica e giovane. Enzo ebbe la sensazione che mentisse e non seppe che cosa pensare. Eh, forse lo zio era troppo vecchio, per quella compagnia.

Una bella cena, durante la quale ognuno parlò dei suoi trionfi di caccia; avevano cominciato a mangiare il salame con le posate di plastica, ma vedendo che lo zio si serviva con le mani, strepitando d'allegria fecero lo stesso. Chiesero informazioni sul bosco, chiesero dove, secondo lo zio, si potesse nascondere il lupo.

Lo zio bevve, si passò sulla bocca il dorso della mano e disse: – Se c'è.

C'era, ne erano sicuri e in ogni caso l'avrebbero cercato: ma possibile che un uomo come lo zio non ne avesse visto le tracce?

– Che cosa volete che io trovi ancora tracce! – rispose il vecchio; Enzo lo guardò allibito. «Sta dicendo un'altra bugia» pensò «ieri l'ho visto camminare nel bosco: vede qualsiasi cosa, perfino le peste dei conigli...»

Cercò di decidere con chi stare, se con lo zio o con il babbo e i cacciatori. E intanto uno di questi diceva: – Via, Mario, non essere geloso, dicci dove lo scoviamo!

– Non vuoi aiutarci perché il lupo lo vuoi accoppare tu, vero Mario? Vuoi essere tu quello che ha ucciso l'ultimo lupo! È così?

– No, no, ma che cosa volete che ci venga a fare, nel bosco, vecchio come sono?

No. Non poteva stare dalla parte di quell'uomo. Strano, in poche ore, tra lui e quel vecchio s'era come scavata una fossa; per un po' gli era parso che gli fosse amico, adesso vedeva che no, che era soltanto un vecchio testardo e selvatico. Affar suo. Tanto, anche senza il suo aiuto, il babbo e i suoi amici lo avrebbero ucciso egualmente, il lupo. Stava parlando adesso uno degli amici del babbo, uno che era stato in Jugoslavia, e che era esperto di caccia al lupo; diceva: – ... loro sentono che arriva l'uomo. Guardate, sono certo che, in questo momento, lui è già in allarme. Hanno non un sesto, ma un settimo senso, i lupi. Potrei raccontarvi delle cose che ho visto in Jugoslavia, e voi, guardate, non ci credereste. In ogni modo, il lupo scappa sempre in basso. E se – così dicendo spiegò sul tavolo una carta topografica – se riusciamo a spingerlo qui... – puntò l'indice – lo abbiamo preso...

S'erano tutti stretti in silenzio su quella carta: tutti tranne lo zio, che sedeva al suo posto, la mano attorno al bicchiere.

La cena finì con un tappo di spumante che volò contro il soffitto. Poi i cacciatori decisero di andare a dormire, perché il mattino dopo avrebbero avuto una levataccia: tutti in piedi alle quattro.

– Buonanotte. Buonanotte, Mario!

Salirono a dormire nella soffitta: la branda, decisero, restava ad Enzo. Presero posto nei sacchi a pelo stesi sul pavimento; stavano un po' stretti, ma la cosa li divertì. Qualche parola, qualche risata, poi il babbo ordinò: – Spegnere la lampada! Dormire! – e qualcuno rispose: – Signorsì, signor colonnello!

Enzo chiuse gli occhi ancora scosso dall'emozione.

Non dormiva mai senza destarsi un paio di volte, e destarsi gli piaceva, perché era bello cambiare posizione, o voltare il cuscino e sentirne la freschezza. Si destò anche questa volta: «Dove sono?» si chiese. La risposta fu: «Nella casa dello zio, sto dormendo, ma...».

...ma non c'era il silenzio di ieri notte, e non s'udivano quei rumori misteriosi, i topi sul letto, il sospiro della civetta, il lamento lontano. La soffitta risuonava invece del respirare e del russare dei cacciatori e di qualche parola balbettata nel sonno. Odore di uomo, di sudore e di scarpe, invece di quello amaro e fresco della notte.

E lo zio?

Questo pensiero venne improvviso. Lo zio era come... ecco, come scomparso; da quando erano arrivati il babbo e gli amici, non c'era stato più. Svanito.

Provò un po' di dispiacere. Sì, ma il fatto è che è troppo vecchio.

«Non vuole che prendiamo il lupo» pensò provando un senso di rancore; «se potesse, andrebbe nel bosco ad avvertire il lupo di stare in guardia. Ma come si fa a parlare con un lupo? Chissà che lui, però, non sia capace di farlo!...» Il sonno stava prendendo il ragazzo. «Ah, ecco... ecco che cosa intendeva» si disse «quando ha detto: domenica sarà qualcun altro che dovrà scappare! Era il lupo, quello che doveva scappare!»

«... ma noi lo prenderemo lo stesso. Noi saremo quelli che hanno ucciso l'ultimo lupo.»

Scappare, ed Enzo s'abbandonò, scappare... «Melania, quando ti dirò che ho ucciso l'ultimo lupo, chissà che faccia farai!... Oh, ma non ho visto le lucciole, questa sera!» Si riaddormentò con un filo di rimorso.

Sveglia! Signorsì, signor colonnello! Come, di già? Andiamo, ragazzi, sono quasi le quattro, non perdiamo tempo, chi si ferma è perduto! Va bene, io scendo a preparare il caffè, perché se non lo bevo non riesco a collegare il cervello col resto del corpo; eh, che buio! Ma come fa quello, a vivere senza luce elettrica! E senza acqua corrente? Vi par possibile vivere senza acqua corrente?

Enzo fu pronto subito; gli batteva il cuore, il gran giorno era arrivato. Avrebbe mostrato di che cosa era capace. Avevano acceso una lampada di nuovo tipo: faceva molta più luce di quella ad acetilene. Era come una lampada alogena, o quasi.

Scesero per la scaletta; c'era luce anche nella cucina, odor di caffè, e sul tavolo una profusione di tazze, pacchetti, barattoli. Lo zio non si vedeva. Il cacciatore che stava preparando il caffè aveva una scodella in mano e disse, con la bocca piena: – Ehi, queste sì che sono fragole, non quelle schifezze del supermarket!

Enzo ebbe un sussulto: le sue fragole! Lo zio le aveva portate per lui, e quel tale se le stava mangiando tutte!

– E il vecchio?

– Boh.

– Ah, sentite, ragazzi, al vecchio dobbiamo dare un po' di quattrini, gli abbiamo smontato la casa! Che cosa facciamo! Di', Giovanni, cinquantamila a testa, andranno bene?

– Son fin troppe – rispose il babbo – e poi, gli lasciamo qui un sacco di roba da mangiare.

– Sì, in fondo per il vecchio è un affare, no?

Enzo guardò stupefatto il cacciatore che aveva parlato per ultimo. Un affare? Credevano che il loro arrivo fosse un affare, per lo zio?

Lo zio rientrò proprio in quel momento; levò la mano, a salutare e brontolò: – Salve.

– Oilà, Mario. È un bel giorno, no?

– Sì, sì.

– Vuoi un po' di caffè, Mario?

– Di', zio, dov'eri? Non sarai mica andato a dire al lupo di cambiar zona, eh? – fece il babbo. Pensò subito Enzo: «Allora non sono stato io, il solo a pensare quella cosa». Lo zio si strinse nelle spalle, e sorbendo rumorosamente il caffè che gli avevano passato rispose senza alzare gli occhi: – Non ci parlo, con le bestie, io.

Era una risposta scortese, Enzo non se l'aspettava, ci rimase male, e anche gli altri ci restarono un po' male. Nessuno più parlò per un po'. Mangiarono in silenzio. Mormorò il babbo: – Pietro, se quello che dicevi ieri sera è giusto, il lupo si sta preparando a fuggire, o no?

– Sì, all'incirca.

«Che bisogno aveva lo zio» si chiese Enzo «di rovinare tutto?»

Poi qualcuno disse: – Be', prendiamo la roba e andiamo, ragazzi.

S'alzarono, presero i fucili, e uscirono a uno a uno passando davanti allo zio. Fuori era quasi freddo e quasi buio ancora, ma il cielo orientale era di un colore di perla. C'era un'aria fresca, pulita; Enzo la respirò a pieni polmoni. Risentì il profumo di ieri. Strano, lo prese una specie di scoraggiamento; si volse attorno, un po' smarrito. Vide che lo zio lo guardava. Abbassò gli occhi. Il babbo intanto diceva: – Va bene, le zone le sappiamo. Io e Luigi a mezza costa a destra, voi due a sinistra... in fondo valle ci vai tu, Pietro?

– Sì. Certo.

– Se le tue idee sono giuste, se il lupo scappa verso il basso...

– Sì, e così lo trovo io.

– Pietro – fece il babbo – che ne dici? Porti con te Enzo?

– Perbacco, con gran piacere, eh, Enzo?

– Tu sei il migliore, per questo...

– Via, via! Qui siamo tutti migliori alla stessa maniera! Niente chiacchiere e andiamo. Qui stasera alle sei?

– Qui alle sei – risposero gli altri.

– Se non lo troviamo per le quattro, caccia libera e almeno portiamo a casa qualcosa. Chi lo trova, due fucilate, intervallo, altre due fucilate. Chi l'accoppa... sparatoria a volontà. Chiaro?

– Chiaro.

S'avviarono. Enzo era così emozionato da sentir le gambe tremare, e come chiedere di correre. Fece un po' fatica a controllarle. Si mise a fianco di Pietro. Si mossero, ogni coppia per una direzione diversa: – Salve, Mario, ci vediamo con il lupo stasera!

Lo zio levò ancora la mano e non rispose. Enzo lo guardò, così alto e immobile sulla soglia; gli parve d'incontrare i suoi occhi e ne fu quasi spaventato.

2

PIETRO era grande e grosso, aveva stivali di cuoio stringati, indossava una giacca di tipo militare, con una infinità di tasche. Il fucile a tracolla, camminava svelto, come se avesse fretta; e in fretta andò fino alla sorgente, per poi fermarsi e guardare prima il cielo, poi il bosco. Ansimava un poco. Disse accennando: – Di qui – e riprese a camminare con quel suo passo da soldato. Enzo faceva fatica a stargli appresso.

Nel bosco non c'era vento, ci si vedeva appena. «C'è qualcosa di diverso» pensò Enzo, e cercò di capire che cosa fosse; stava facendosi una domanda dopo l'altra, quando Pietro chiese: – Tutto bene?

– ... sì, tutto bene.

– Stanco?

– No.

– Paura?

– No, «e di che cosa dovrei aver paura?» si chiese il ragazzo.

– Duro, marciare dopo la colazione, eh?
– Un po', sì...

C'era un gran silenzio nel bosco. «Ecco che cosa c'è di diverso!» si disse il ragazzo: «gli uccelli non cantano, mentre ieri, quando ero con lo zio...»

Già. Cantavano tutti. Strano.

Era mattino, ormai, il sole si era alzato nel cielo che s'intravvedeva a tratti tra i rami. I due stavano seduti in una radura. S'erano fermati diverse volte, senza però mai sedere. Adesso, invece, Pietro aveva detto: – Be', un quarto d'ora di riposo, e mi fumo una sigaretta. Non stiamo mica lavorando, stiamo divertendoci, no?

– Eh, sì.

Pietro s'era tolto la giacca, legandosela attorno alla cintura, aveva tratto di tasca un fazzoletto e se lo passava sulla fronte sudata. Mormorò con una smorfia: – Il posto è abbastanza bello, non dico di no, ma sarebbe più bello se lo attrezzassero: sentieri, punti di riferimento, allora sì che ci verrebbe gente. In quella frazione, poi, un ristorante ci starebbe bene, farebbe affari, te lo dico io. Una riserva di caccia per gente che sa come si usa questo – e batté la mano sul calcio del fucile – ecco quello che dovrebbero fare qui. Così com'è, è un posto sprecato, questo.

– Ma il bosco... – fece adagio Enzo. Pietro si alzò e tagliò corto: – Va bene, andiamo.

Nulla. Era grosso e ansava, Pietro, ma doveva certo essere un gran cacciatore: guardava dappertutto, si fermava chinandosi ad osservare il terreno, di tanto in tanto annusava l'aria. Parlava sommessamente tra sé e sé, si voltava a guardare Enzo, chiedendogli in silenzio se tutto andava bene; in silenzio Enzo cercava di rispondergli di sì.

Tre ore di cammino, o di perlustrazione e tutte in discesa, o quasi, perché erano andati nel fondovalle. Avevano trovato delle tane, ma Pietro aveva detto che era roba da volpi, quella. Enzo s'era sentito stanco, a un certo momento; adesso però la stanchezza era passata.

E con essa era forse passato anche qualcosa d'altro: l'emozione, cioè, l'eccitamento... Quel camminare nel bosco non serviva a nulla. Non avrebbero trovato il lupo, se il lupo c'era. E se c'era, solo un uomo avrebbe potuto trovarlo: lo zio. Senza lo zio, inutile perder tempo come lo stavano perdendo...

No. Il ragazzo si ribellò a quell'idea. No. Il lupo c'era, l'avrebbero trovato e abbattuto.

Un'altra ora. Fecero colazione, e prima

di sedere nell'erba, Enzo batté forte i piedi sul terreno; gli chiese Pietro: – Che cavolo fai?

– È per le vipere, sentono tremare la terra e scappano.

– Macché vipere! Ne hai mai viste?

– No, ma...

– Su, vediamo di mettere qualcosa nello stomaco.

Mentre mangiavano, Pietro disse: – Ti sembra che andiamo a vuoto, eh, e invece non è vero. Ho già cacciato il lupo, in Jugoslavia, dove ci sono boschi davanti ai quali questo fa ridere. L'ho già cacciato, ed è così che si fa. Noi non lo vediamo e non lo sentiamo: lui, se non ci ha già visti, ci sente, e scappa. Ma il vantaggio – seguitò – non è mai di chi scappa, ricordalo, ragazzo: è di chi insegue. Chi scappa ha paura. Chi insegue no. E sai che scherzo ti fa la paura? Ti stanca, e siccome sei stanco, dimentichi che puoi salvarti solo continuando a scappare, e ti fermi. Ti nascondi in qualche posto e ti fermi credendo d'essere al sicuro. Così ti fai prendere. Così prenderemo il lupo.

Enzo fu turbato da quelle parole e dal tono con il quale Pietro le aveva dette. Erano parole crudeli. E vere. Finché il lupo scappava, era salvo; se si fermava, era perduto.

– Però attenzione, la paura fa dei brutti scherzi. Quando si vede alle strette e non può scappare, il lupo attacca. Per questo cacciarlo è una faccenda seria. Su, andiamo, meglio non perder tempo. Questa strada la dovremo rifare in salita, perbacco.

Il ragazzo non disse nulla. Da qualche minuto, pensava a Melania. Già, ormai tutte le volte che sentiva parlare di gente che scappava, pensava a lei. Doveva essere per via di suo zio, che non era riuscito a scappare. Forse s'era fermato, anche lui, s'era nascosto e l'avevano preso. Pietro aveva ragione: il vantaggio era degli inseguitori. E perché lo zio di Melania scappava, e da chi? E com'era? Forse come lo zio Mario? No, lo zio Mario, nessuno l'avrebbe preso, e se l'avessero preso, sarebbe scappato, come aveva fatto. Non s'era fermato mai, una volta uscito da quella casa di riposo. Mai fermato fino a casa.

Sì, ma era vecchio, e a furia di camminare si sarebbe stancato, si sarebbe fermato. E allora... allora, fine.

– No... – disse, come spaventato a quel pensiero. Pietro si fermò di botto: – Cosa c'è? – chiese. Enzo rispose: – Niente.

Ripresero a camminare. Ecco. Stavano facendo quello che qualcuno aveva fatto allo zio di Melania. Erano gli inseguitori. Avevano il vantaggio...

«...e i fucili» pensò «il lupo non ha scampo». Ora non associò questa idea allo zio di Melania, ma allo zio Mario. In fondo anche lui era un lupo, viveva da solo, girava nel bosco, ne conosceva i segreti. «Ti ha spiegato, Enzo, come fa il cuculo con le sue uova! E tu, ricordi? Quasi non lo hai guardato. Ti ha condotto in quel prato pieno di fragole. Ti ha fatto vedere le lucciole. E ora tu lo insegui...»

Pietro si fermò, tolse il fucile da tracolla e lo tenne imbracciato. Enzo sussurrò: – Cosa c'è?

Erano in un punto ove il bosco si diradava e apparivano, tra i cespugli, grigie rocce spugnose. Sulla destra, la grande verde parete d'un dirupo. S'udiva il risuonante scroscio di un torrente. Mormorò Pietro: – ... posto di lupi, questo.

– Di lupi?

– Se tu fossi un lupo, non ti nasconderesti qui?

– Io... io non so...

Pietro fece un lento passo avanti: – Se è qui e lo prendiamo, ragazzo, saremo quelli che hanno abbattuto l'ultimo lupo.

Un altro passo in avanti. Enzo sentiva il cuore battere forte. Forse qualcosa stava per accadere. Gli alberi erano immobili, il silenzio assoluto, e il rumore del torrente quasi lo sottolineava. A una ventina di metri da loro, un poco più in su, v'era un'altura, il cui ciglio era frangiato da felci verdissime. Dopo aver lungamente esaminato il terreno, Pietro accennò: – Prova a vedere lassù – disse.

– Io? – rimandò Enzo; inghiottì: – Salire là?...

– Hai paura? Hai paura di trovare il lupo? Sta' tranquillo, non c'è. Ma bisogna guardare lo stesso. Tu vai a dare un'occhiata, e io intanto mi faccio una sigaretta.

Enzo ricacciò indietro la paura, che aveva negato ma che aveva provato, e s'avviò, inerpicandosi per la china e raggiungendo la zona delle felci, che crescevano in una specie di terrazzo roccioso, e chiuso dalla parete del dirupo, lontana una trentina di passi. Da dov'era si volse, e si impressionò, vedendo Pietro così in basso, tra gli alberi; non s'era reso conto d'esser salito tanto. Gridò: – Qui? – e Pietro gli fece un distratto cenno d'assenso.

Va bene. Non era certo andato là per essere preso in giro. Procedette cauto, gli occhi al terreno... «Le vipere» pensò, ma il pensiero non gli si fermò: le vipere non importavano. Solo il lupo contava.

S'era fermato e riprese a camminare adagio, con le felci che gli arrivavano quasi alla cintura e che frusciavano a ogni suo passo. Levò gli occhi alla sommità del dirupo, aspro e macchiato da cespugli. Certo, se il lupo s'era nascosto là, aveva sbagliato, perché da quel posto non si poteva andare da nessun'altra parte... Eh, lo zio Mario guardando il terreno avrebbe capito se era utile o no andare... Si fermò ancora. «Che faccio?» si chiese. Davanti a sé, solo le felci e la parete rocciosa; ai suoi piedi, il bosco oscuro e silente. Da dove era, adesso non poteva più vedere Pietro.

Questo lo turbò. Non si mosse, lasciò passare un minuto che gli parve molto lungo. Che cosa avrebbe fatto, se il lupo gli fosse apparso, se gli si fosse gettato contro?... Si volse, preso d'un tratto dalla paura di non saper ritrovare la strada giusta, quella che l'avrebbe riportato accanto a Pietro. Si rassicurò tuttavia vedendo chiaramente la sua traccia. «Che faccio» tornò a chiedersi; e si rispose: «torno indietro, tanto, qui non c'è nessun lupo...»

«E se invece ci fosse?»

Strano, questo pensiero anziché rinnovargli la paura, gli diede un certo coraggio; si disse: «è da due giorni che non so più che cosa pensare», ma si sentiva pieno di un ardimento mai provato. «Se c'è il lupo, grido: Pietro è qui! e Pietro in un attimo arriva e spara... Ma no. Se soltanto pensasse che il lupo ci fosse, Pietro non mi avrebbe mandato qui, nel pericolo... Ma se c'è, sarò stato io a trovarlo e a dare l'allarme, sarò stato io ad avere ucciso l'ultimo lupo...»

Il coraggio si fece più preciso, ed Enzo camminò verso la parete di roccia, rassicurato dal rumore dei suoi stessi passi tra le alte erbe. Non s'udiva più il rumore del torrente. Ancora qualche metro. Posò la mano sulla roccia calda di sole. Ecco, andare avanti era inutile, aveva visto che in quel posto non c'era nessun lupo. Provò un gran senso di sollievo, quasi una voglia di ridere; fece per gridare: – Pietro, non c'è!...

... s'immobilizzò. Fu percorso da un brivido improvviso.

Trattenne il respiro. Poi adagio, gli occhi sbarrati e il fiato sospeso, annusò l'aria.

Qualcosa.

C'era qualcosa nell'aria, qualcosa di diverso. Non era un odore di alberi, di erba, di fiori. Non era nemmeno odore di terra o di acqua. Era un'altra cosa.

Era un odore selvaggio.

Odore di lupo.

Lo prese l'impulso di scappare, di buttarsi a correre gridando: – Il lupo, il lupo!...

Un altro brivido e ricacciò indietro la paura. Ma sì, mettersi a gridare al lupo al lupo come il Pierino della fiaba, e far ridere tutti! Che cosa avrebbe detto Pietro, e che cosa il babbo, e gli altri, e lo zio?...

Tremante, non si mosse.

Fiutò ancora l'aria e si sentì più calmo. Quell'odore non c'era più, doveva essere stata una impressione; o chissà, forse un pezzo di legno che marciva... C'erano strani odori nel bosco, lo sapeva.

Sì, sì: l'unica cosa che gli restava da fare era tornare in basso, da Pietro. Lì, di lupi non ce n'erano: c'era quella parete di roccia, di lì non si passava. Doveva tornare indietro. Però non si mosse. Il silenzio era profondissimo, gli pulsava alle orecchie; ed era tanto profondo che quando, chissà dove, un uccello lanciò il suo richiamo, esso echeggiò come in una immensa stanza vuota. La paura ricominciò a riprenderlo. Meglio far presto e tornare.

Stava per volgersi, quando tra i rami d'una felce altissima, vide qualcosa d'un nero intenso. Guardò. Un buco nella roccia, doveva essere. Una caverna. Adagio allungò il braccio, scostò i rami.

Vide il lupo.

Non pensò più a nulla. Ebbe un impulso di fuga che svanì subito. Tutto fu cancellato, come se la vita fosse sospesa. Non respirò. Forse il sangue cessò di scorrergli nelle vene. Non ebbe né paura né sorpresa. Nulla.

Restò a fissare quegli occhi tondi e gialli.

E quegli occhi risposero al suo sguardo.

Il lupo giaceva sul terreno della caverna, ramoscelli e foglie secche; giaceva su un fianco, le zampe in avanti, le une sulle

altre, in un atteggiamento di infinita stanchezza; ansava, e dalla bocca socchiusa usciva la lunga lingua rosea; guardava il ragazzo con occhi grandi e liquidi come di lacrime selvagge. Il ventre s'alzava e s'abbassava nel respiro. Era piuttosto piccolo, o così parve ad Enzo: come un cane, ecco.

Non un ringhio, da quelle fauci rosse. Non un agitarsi di quella forte coda. «Quando il lupo è alle strette» rammentò il ragazzo riprendendo a pensare «attacca...: ma se adesso grido, o corro via, questo lupo non farà nulla, non farebbe nulla nemmeno se avessi in mano un fucile. È troppo stanco. Ha sentito che lo stavamo cercando, è scappato, forse scappa da ieri sera, e s'è rifugiato qui. Non può più far nulla. Tu dai l'allarme, e sei quello che ha ucciso l'ultimo lupo, anche se non avrai sparato. Diventi famoso. Che cosa aspetti a gridare?...»

Immobile sostenne quello sguardo, domandandosi nel profondo silenzio del suo essere: «Che cosa ti chiede, lo capisci?».

Cominciò a farsi indietro, adagio, gli occhi negli occhi liquidi del lupo. Poi si volse, a passi rapidi attraversò la zona delle felci, scese per la china come fuggendo.

3

– UN BIDONE, ecco cos'è. Non c'è nessun lupo. Se ci fosse, l'avremmo trovato.

– Eppure, ho visto delle peste che, guardate, erano di lupo. Ci giurerei.

– No. Le ho viste anch'io, quelle peste. Sono di volpe.

– Via!

– Di volpe, ti dico! O di cane.

– A caccia di cani, io non vado.

– Abbiamo passato tutta la valle metro per metro. In sei. Se c'era, non ci scappava.

Il babbo e i suoi amici sedevano attorno al tavolo. Erano stanchi, infangati e sudati. Puntuali, s'erano ritrovati alle sei, con il sole che cominciava ad abbassarsi e il cielo che si faceva d'un azzurro più intenso. Pieni di malumore s'erano scambiati battute e imprecazioni. S'erano ripuliti, poi, cambiati d'abito. Avevano deciso che sarebbero tornati a casa subito dopo cena, senza aspettare il giorno dopo: – Così non perdi un altro giorno di scuola, Enzo – aveva detto il babbo.

– Ma io... – aveva risposto il ragazzo senza aggiungere altro. Non sapeva che cosa provava. Non sapeva se esser pieno di rabbia o di gioia, di delusione o di trionfo. Aveva tradito? Forse sì: non dando l'allarme, aveva tradito. Salvando il lupo, aveva tradito.

Ma chi? I cacciatori, chi altro. Non certo il lupo. E forse nemmeno lo zio. Forse lo zio aveva ragione, la vita è sempre complicata.

Sul tavolo, pane, salame, cotolette, pesce in scatola, bottiglie di vino e di acqua minerale. Odore di cipolle, di patate e di carne arrostita. Un amico del babbo aveva messo su una graticola alcune grosse bistecche e la casa era piena di fumo. Lo zio aveva preparato un gran piatto d'insalata fragrante, lo posò sul tavolo senza dir nulla.

Fece il babbo: – Allora, zio, c'è o non c'è, 'sto lupo?

– Gli hai detto tu di scappare, eh, Mario? – disse Pietro. Lo zio si strinse nelle spalle e rispose: – L'ultimo, l'ho visto che ero un ragazzino... – si volse verso Enzo, sorrise: – più giovane di te. L'hanno ucciso, ancora prima della guerra del '15...

– E basta con queste storie, Mario! –

fece uno dei cacciatori, riempiendosi il bicchiere – tu hai in mente sempre le cose di un sacco d'anni fa!

– Ecco, l'hanno ucciso un sacco d'anni fa.

– E la foto presa dall'elicottero?

– Un cane – disse in fretta lo zio; volse attorno uno sguardo scintillante e fece: – Bau!

Risero, l'atmosfera si rasserenò. La cena ebbe inizio.

Tenendo la testa abbassata sul piatto, timoroso che qualcuno gli rivolgesse la parola, Enzo si sforzò di mangiare. Sentiva come un nodo alla gola e un altro più in basso, allo stomaco. Cercava di riordinare le idee. Per tutta quella sera non era stato capace di farlo.

Il babbo chiese: – Be'? Non mangi?

– Non ho fame, papà.

– Come, non hai fame? Sei stato a caccia tutto il giorno, e non hai fame?

– Quando si è stanchi – intervenne lo zio – la fame passa, non lo sapete? Se non lo sapete, vuol dire che non siete mai stati stanchi, beati voi.

Enzo gli indirizzò un pensiero di riconoscenza; ma il babbo, mettendogli altra carne nel piatto chiese: – E tu, cos'hai fatto?

– ...io?

– Sì. Come si è comportato, Pietro?

Pietro vuotò il bicchiere e levò la mano: – Da cacciatore. Bene. Benissimo. Meglio, non poteva.

– Dici davvero, o...

– Bene, ti dico! L'ho mandato anche da solo, a vedere tra le rocce, eh, Enzo?

Arrossendo il ragazzo rispose: – Sì... non c'era nessun lupo.

– Eh, meno male, se no ti saltava addosso, ed erano grane!

Risero. Cercò, o finse di ridere anche Enzo, e tornò ad abbassare la testa sul piatto, riprendendo a chiedersi: «Ho tradito?».

Mi sta guardando, pensò d'un tratto. Finse di non essersi accorto di nulla e seguitò a mangiare; poi seppe che era inutile e alzò gli occhi. Vide fissi su di sé quelli dello zio. Fu certo che lo zio aveva capito. E che sapeva tutto.

– Eppure...

– Per favore, non ricominciamo.

Pietro vuotò il suo bicchiere: – Non ricomincio. Dicevo solo che abbiamo fatto la caccia secondo le buone regole, ecco tutto.

– Già, ma il lupo non l'abbiamo preso. Non sappiamo nemmeno se c'è. Bel risultato!

– Boh, è stata una bella giornata lo stesso.

– Certo. Ma su quelle foto, io ci avrei giurato.

– Guarda, quelli del Comitato si intendono di selvaggina come io mi intendo di lingua giapponese. Ha ragione lo zio. Era un cane, e magari un cane lupo, perché no?

Furono d'accordo e stapparono un'altra bottiglia; ma il babbo dopo un po' tornò a chiedere: – Zio, per l'ultima volta, di' la verità: c'è o non c'è il lupo?

Lo zio sollevò il vecchio volto dal piatto e per tutta risposta domandò: – E che cosa te ne importa del lupo?

– Su, dillo. C'è o non c'è?

– Io non l'ho mai cercato.

– Questa non è una risposta.

– E allora va bene, meglio berci su. Eh? Che ne dici, Enzo?

Il vecchio fece per riempire il bicchiere del ragazzo, ma si trattenne: – No, tu sei troppo giovane per il vino... – fece una smorfia, versò da bere e disse: – Be'... se sei stato a caccia del lupo, un goccio non ti farà male.

Parte Quinta

La vita

1

ANCOR PRIMA che la cena fosse finita, l'ansia della partenza prese tutti. Uno della compagnia salì in soffitta mentre gli altri erano ancora a tavola: – Vado a preparare la mia roba – spiegò. Un altro cacciatore si alzò poco dopo. Disse il babbo accennando alla tavola ingombra: – Zio, e per mettere a posto qui?

– Ah, ci penso io, che diamine! Di tempo, ne ho quanto ne voglio.

– Ah, senti... – il babbo trasse di tasca un mazzetto di banconote e lo mise sotto un piatto – questo è... così, per il disturbo.

– Non è stato un disturbo.

– Sì, sì, ma guarda, zio, ci fai tutti contenti, se ti tieni i soldi.

– Sono troppi.

– Dài, zio.

Lo zio annuì e si mise in tasca i soldi: – Va bene, va bene. Grazie.

Enzo sentì una vampata al volto. Che

cosa doveva fare? Non poteva andarsene così, doveva restare solo con lo zio, chiedergli, spiegargli. Lo zio sapeva tutto. Non poteva andarsene senza parlargli, anche perché sapeva benissimo che non l'avrebbe mai più rivisto. Non sarebbe più tornato a Fonterossa. Ne era certo.

– Su, Enzo – fece il babbo – prepara la tua roba. Prima partiamo, prima arriviamo.

– ...sì, papà – rispose. Non si mosse, in attesa che lo zio intervenisse, dicesse qualcosa. Il babbo, subito chiese impaziente: – E allora?

Si alzò; i cacciatori stavano scendendo dalla scala, con i loro sacchi, e dovette attendere che fossero scesi tutti; salì, poi, in fretta. Si sentiva pieno di malinconia, provava come un senso di fine. S'accorse che il suo sacco a pelo era già stato preparato e chiuso: era stato lo zio, naturalmente. Trattenne a stento un lamento. Come avrebbe fatto a parlare con lo zio? Poteva dire: aspettate, ritardate la partenza?... No, non poteva, il babbo avrebbe fatto delle domande... E allora, se ne doveva andare così, senza nemmeno una parola?...

– Enzo! – chiamò il babbo dal basso. Il ragazzo prese la sua roba: – Sì – rispose – vengo!

Stavano andando e venendo dalla casa al fuoristrada, che aveva già il motore acceso. Enzo non aveva mai provato un tale sentimento di rimpianto, di rammarico, di addio. La cucina era vuota, la porta aperta. Uscì. Stavano tutti in gruppo, a parlare fitto.

Il babbo gli fece un cenno: – Su, fa' presto, la strada è lunga.

– Sì.

Sistemò i sacchi nel bagagliaio stracolmo: forse sarebbe stato meglio per lui salire in macchina e non pensare più a nulla; che cosa s'aspettava dallo zio? Quello che era fatto, era fatto...

Un paio di cacciatori vennero a grandi passi verso il fuoristrada; lo zio era là, stava parlando con il babbo e con gli altri due. Enzo gli disse in silenzio: «Addio, zio Mario, addio».

– Allora, si va? – gridò uno dei due che erano saliti. Il babbo accennò, come per dire che arrivava subito; e infatti, ecco, tese la mano allo zio per il saluto finale; i due cacciatori che erano con lui si volsero e vennero avanti. Fine di tutto, pensò Enzo.

– All'una siamo già a letto – mormorò qualcuno, e sbadigliò forte. Gli altri salivano sul fuoristrada. In quel momento lo zio si avanzò, camminando nella luce dei fari; disse qualcuno: – Perbacco, sembra un fantasma.

– Enzo! – chiamò lo zio.

Non aveva atteso che quel momento. Fu

svelto a sgusciare tra i cacciatori e a scendere. Aggiunse lo zio: – Ho una cosa da darti!

Il babbo, che stava per mettersi al volante, esclamò un po' seccato: – Che cosa c'è, adesso?

– Zio – fece Enzo sollevando il volto stanco. Lo zio gli diede un fazzoletto annodato: – Fragole – disse; gli posò le mani sulle spalle e mormorò: – Ragazzi come te, non ce ne sono.

Ebbe una sorta di brivido e non trovò nulla da dire. Il vecchio riprese, sommessamente: – Tu l'hai salvata, Enzo. Lo so.

– Salvata? – rimandò senza capire.

– È femmina, non hai visto?

– Femmina? No io..

– Già, tu non potevi sapere... il lupo, il maschio, dico, l'avevo trovato morto in una fossa una ventina di giorni fa... non so forse era malato, forse era morto di fame...

– ... morto di fame!

– Anche questo è vivere. In ogni modo la femmina è rimasta. E aspetta i cuccioli. Non si sarebbe fermata, altrimenti. Hai salvato anche i cuccioli.

Enzo cercò qualcosa da dire: – Io ho pensato che... – s'interruppe: già, che cosa aveva pensato? Riprese: – Mi guardava.

– Voleva dirti: lasciaci vivere.

– Zio! – Ora il ragazzo lottava per non

piangere. Dal fuoristrada il babbo chiamò: – Enzo!...

– Non sono sicuro di avere fatto bene – mormorò in fretta il ragazzo – ho pensato... di avere tradito.

– Tradito, e chi?

– ... non so, il papà, i suoi amici...

– No, no. Non hai tradito, hai salvato.

– Enzo, insomma!

– Sì, vengo subito, papà! ... Zio, ho fatto bene?

Il vecchio gli prese la faccia tra le mani: – Tu sei quello che ha salvato l'ultimo lupo. Pensa solo a questo.

– Insomma, Enzo! Vuoi che ti lasciamo qui?

– Va', Enzo! Ciao, va'! – lo zio si chinò a dargli un bacio; aveva le guance ruvide, irte di peli. Umide di pianto. Serrando i denti il ragazzo rispose al bacio poi fuggì verso il fuoristrada: lo zio gli gridò dietro:

– Salutami la tua ragazza e diglielo! A lei puoi dirlo!

– Eccomi, papà – balbettò Enzo salendo sulla macchina. Il babbo disse: – Chiudi lo sportello – e poi premette l'acceleratore.

– Ohé, ma tu hai una ragazza? – gli chiese Pietro. Enzo arrossì: – Io? No!

– Come no? L'abbiamo sentito tutti, il Mario! Che cosa devi dirle, eh?

– Ma niente!

– Giusto! Alla tua età, non ci si fa la fidanzata. Non complicarti la vita, ragazzo!

Risero. Enzo si volse, Fonterossa ormai non si vedeva più. Si rintanò nel suo angolo abbassando la testa. Che fare? Piangere? E perché?

Passarono per il paese semideserto, percorsero la strada della valle senza una sola parola; quando furono sulla provinciale, uno dei cacciatori disse: – Secondo me, il vecchio sapeva più di quello che faceva intendere.

– Hm. Forse hai ragione.

Osservò un altro: – Ma cosa volete che sapesse? Non può più andare per i boschi, vecchio com'è.

– A furia di vivere da solo – disse il babbo – è diventato come un lupo anche lui.

– Quanti anni ha?

– E chi lo sa. Novanta, cento.

– Eh, non esageriamo – fece il babbo – sono ottantaquattro.

– Pochi, eh? Un giovanotto! E dici davvero che abita sempre lì, da solo?

– Sì, tutto l'anno, estate e inverno. Se ti dico che l'avevamo messo in una casa di riposo, ed è scappato!

– Be', per essere selvatico, è selvatico davvero.

– Certo che un giorno te lo trovano morto, in quella sua baracca. Morto e stecchito.

No. Lo zio non sarebbe morto. Ne era sicuro. Certo, avrebbe smesso di respirare, un giorno, il suo cuore non avrebbe più battuto. «Sì» pensò «avrebbero trovato il suo corpo morto e stecchito; ma la sua anima, eh, quella no; quella sarebbe andata nei boschi, per mettersi con i lupi e le altre bestie del bosco, e correre con loro.»

«E solo io», si disse Enzo «saprei dove trovarlo.»

2

MELANIA venne verso di lui sorridente e con gli occhi che brillavano; chiese: – E allora? Ti è piaciuto, Enzo? È stato bello?

– Sì – rispose lui.

– Sai, mio padre m'ha detto che nei posti dov'eri, una volta passava una strada che andava da qui al mare, e la chiamavano "via del sale". Lo sapevi?

– No.

– Perché andavano fino al mare a comprare il sale.

– Ah.

Il sorriso scomparve dagli occhi di Melania che disse piano: – Che cosa c'è?

La guardò, incerto se fare come lo zio gli aveva detto. Mormorò: – Devo dirti delle cose, Melania.

– Cose?

– Sì.

Camminavano sul marciapiede pieno di studenti. Lei disse: – Dimmele, allora.

Un tratto di strada senza una sola parola; così lungo che Melania si fermò e ripeté: – Dimmele, dunque.

– Mi piacerebbe dirtele in un altro posto – Enzo si strinse nelle spalle – per esempio a Fonterossa. È un posto fantastico, sai?

Un altro sorriso: – Tuo padre mi ci porta, un giorno?

Lui fece segno di no: – No, non credo... – poi guardando fisso la ragazza aggiunse: – Non ci tornerò più. Lo so. Non stare a dirmi come e perché. Non ci tornerò e basta. Melania, devo dirti delle cose.

Severa lei disse: – Parla, allora. Dimmele, anche se non siamo a Fonterossa.

Quando ebbe finito di parlare, Enzo cercò gli occhi di Melania, ma non li trovò, perché la ragazza teneva la testa abbassata. Mormorò: – Melania... allora?

Nulla.

– ...senti, lo zio mi ha detto che dovevo dirtelo, e così...

Lo guardò, dal basso e rispose: – Enzo, non sapevo che andavate là per dare la caccia al lupo... se l'avessi saputo, ti avrei detto di non andare... – Melania sorrise un po' amara – e avrei sbagliato, perché se tu non fossi andato, non avresti potuto salvarlo. Com'è complicata la vita, vero?

– Lo dice – fece stupefatto Enzo – anche lo zio.

– Davvero ti ha detto così?

– Sì... non è che abbiamo parlato tanto ...lui è uno che parla poco. Mi ha detto anche che non c'è niente di cui aver paura.

– E tu non hai avuto paura. Oh, Enzo, l'ultimo lupo. Una lupa, con dei cuccioli. E tu l'hai salvata. Tu sei... – un sorriso, dolce, stavolta – adesso, sei come il padre dei lupi.

Un po' a fatica, anche Enzo sorrise. Disse: – Lo zio ha detto un'altra cosa che dicevi tu... Cioè che se uno scappa, deve avere i suoi motivi. Lui, per esempio: se stava in quell'ospizio, a quest'ora era morto di sicuro. Se il lupo non scappava, anche lui...

– Ma lui ha trovato te – lo interruppe lei.

– Lo zio mi ha anche detto: cosa ne sa, quella ragazza, di scappare o non scappare?

Enzo chiese a bassa voce: – Che cosa ne sai, Melania? – e poi, facendosi coraggio: – Perché quel tuo zio ha cercato di scappare?

Erano davanti alla casa di lei. Melania alzò il volto, e poi adagio disse: – Quando ti ho detto il mio cognome, Enzo... a te è sembrato un cognome come gli altri, no?

– Perché, non lo è? – rimandò lui – Che cos'ha di strano? Non ti chiami Segre? Non è un cognome come gli altri?

– Per qualcuno – rispose Melania abbassando gli occhi – lo è. Per altri no. Quel mio zio è scappato, per quel cognome, ma... non è stato come il lupo, che ha trovato te...

Posò la sua sulla mano di Enzo; non l'aveva mai fatto, il ragazzo provò un brivido prima, e imbarazzo subito dopo. Melania disse: – Un giorno, se vorrai, chiederai e saprai delle cose che io adesso non ho voglia di dirti...

– Non vuoi magari dirmele adesso?

– Oh, ci sarà tempo.

– Già – fece Enzo, un po' imbarazzato, e come a impedire che si facesse silenzio, aggiunse: – Ah... c'è un'altra cosa, Melania. È che... sì, insomma, te la ricordi quella poesia, la nebbia agli irti colli?...

– Sì, non è San Martino del Carducci? E allora?

– Ecco. Eravamo nel bosco, e lo zio s'è messo a recitarla... No, no – si corresse subito Enzo – non a recitarla, no di certo... Ha detto quel verso, quello lì della nebbia, non so perché. Forse perché in quel momento, sì, c'era un po' di nebbia nella valle. Io allora sono andato avanti, gli ho detto il resto della poesia, sai come fa, no?

Lei fece segno di sì, guardandolo in attesa, ed Enzo: – Insomma – riprese – si era commosso. Aveva – portò le dita agli occhi – le lagrime. Ci sono rimasto male. Ci ho pensato.

– E che cosa hai pensato?
– Be'... che lo zio aveva le lagrime, ma non di tristezza. No, no, era commosso perché era contento... Quella poesia, l'avrà imparata non so, quasi ottant'anni fa, sì ottanta più o meno, e gli è venuta in mente così di colpo. Non è strano?
Dopo aver fatto qualche passo in silenzio, Melania rispose: – È strano, sì. Ma è anche bello, no? – e guardò Enzo dritto negli occhi – Ricordarsi d'una poesia imparata a scuola chissà quando, commuoversi ancora, e di gioia... non è bello? E poi – aggiunse con una smorfia un po' buffa – diciamo che le poesie non servono a niente. Oh, sì. Sei fortunato ad avere uno zio come il tuo. Vorrei averlo anch'io. Uno di quelli che hanno il coraggio di dire a noi ragazzi che la vita è complicata, e non quella cosa stupida che ci fanno credere.
Enzo non seppe cosa rispondere; lo zio e Melania gli sembravano, adesso, molto più saggi di lui. Loro adulti, lui un bambino; loro che sapevano tutto, lui che non sapeva nulla. Sospirò. Disse: – Eh, sì, è complicata.
– Ma – fece lei con voce forte, squillante – ma bella!
Se ne andò.

Enzo si mise sulla via di casa. Strano, si sentiva felice, quasi. Tutto gli era sembrato malinconico, adesso di colpo tutto s'era fatto bello. Si sentiva leggero. La strada era allegra. Alla fermata dell'autobus c'era in attesa un gruppo di ragazzi della sua stessa scuola; lo salutarono, rispose ai saluti, passò tra di loro. Si sentiva davvero felice. Diverso da quei suoi compagni. Ma come mai?

«In fondo con lo zio Mario ho parlato poco», pensò «e perché dovrei sentirmi diverso, ora?»

Forse perché nessun altro aveva uno zio come lui. Nessun altro aveva salvato l'ultimo lupo. Forse per altre cose che avrebbe capito, prima o poi, c'erano molte cose che doveva capire. Per esempio, avrebbe chiesto a qualcuno, per il cognome di Melania. Che cosa aveva creduto, che la vita fosse semplice come un cartone animato? Eh, no, era complicata, ora lo sapeva. Ma sapeva anche non c'era nulla di cui aver paura.

Indice

Serie bianca
primi lettori

1. Otfried Preussler, *Agostina la pagliaccia*, 3ª edizione
2. Eveline Hasler, *Il maialino Lolo*, 3ª edizione
3. Christine Nöstlinger, *Anna è furiosa*, 3ª edizione
4. Maria Vago, *Matilde vuole cantare*, 3ª edizione

Serie azzurra

a partire dai 7 anni

1. Christine Nöstlinger, *Cara Susi, caro Paul,* 4ª edizione
2. Fernando Lalana, *Il segreto del parco incantato,* 4ª edizione
3. Roberta Grazzani, *Nonno Tano,* 4ª edizione
4. Russell E. Erickson, *Il detective Warton,* 4ª edizione
5. Ursel Scheffler, *Inkiostrik, il mostro dell'inchiostro,* 3ª edizione
6. Christine Nöstlinger, *Storie del piccolo Franz,* 3ª edizione
7. Ursula Wölfel, *Augh, Stella Cadente!,* 2ª edizione
8. María Puncel, *Un folletto a righe,* 2ª edizione
9. Mira Lobe, *Ingo e Drago,* 2ª edizione
10. Klaus-Peter Wolf, *Lili e lo sceriffo,* 2ª edizione

Serie arancio

a partire dai 9 anni

1. Mino Milani, *Guglielmo e la moneta d'oro*, 4ª edizione
2. Christine Nöstlinger, *Diario segreto di Susi. Diario segreto di Paul*, 4ª edizione
3. Mira Lobe, *Il naso di Moritz*, 3ª edizione
4. Juan Muñoz, *Fra Pierino e il suo ciuchino*, 3ª edizione
5. Eric Wilson, *Assassinio sul "Canadian-Express"*, 3ª edizione
6. Eveline Hasler, *Un sacco di nulla*, 2ª edizione
7. Hubert Monteilhet, *Di professione fantasma*, 2ª edizione
8. Carlo Collodi, *Pipì, lo scimmiottino color di rosa*, 2ª edizione
9. Alfredo Gómez Cerdá, *Apparve alla mia finestra*, 2ª edizione
10. Maria Gripe, *Ugo e Carolina*, 2ª edizione

Serie rossa
a partire dai 12 anni

1. Jan Terlouw, *Piotr,* 4ª edizione
2. Peter Dickinson, *Il gigante di neve,* 4ª edizione
3. Asun Balzola, *Il giubbotto di Indiana Jones,* 4ª edizione
4. Hannelore Valencak, *Il tesoro del vecchio mulino,* 3ª edizione
5. Tormod Haugen, *In attesa della prossima estate,* 2ª edizione
6. Miguel Ángel Mendo, *Per un maledetto spot,* 2ª edizione
7. Mira Lobe, *La fidanzata del brigante,* 2ª edizione
8. Lars Saabye Christensen, *Herman,* 2ª edizione
9. Bernardo Atxaga, *Memorie di una mucca,* 2ª edizione
10. Jan Terlouw, *La lettera in codice,* 2ª edizione

Stampa: **arti grafiche TSG s.r.l.,** via Mazzini, 4 - Tel. (0141) 59.85.16 - Fax 59.47.02 - 14100 ASTI